히라가나 가타카나 쓰기노트

히라가나 청음 あ행

'청음'은 맑은 소리라는 뜻으로, 탁점이나 반탁점이 없이 오십음도의 발음 그대로 읽히는 글자를 말합니다. 「あ행」은 일본어의 기본 모음이며, 한국어의 '아·이·우·에·오' 발음과 비슷합니다. 단, 「う」발음에 주의하세요. '우'와 '으'의 중간 발음으로 입술에 힘을 빼고 '으'에 가깝게 소리냅니다.

あ [a 아]

い [i 이]

う [u 우]

え [e 에]

お [o 오]

히라가나 청음 か행

「か행」은 한국어의 'ㄱ'과 'ㅋ'의 중간 발음이지만, 단어의 첫 글자로 나올 때는 'ㅋ'에 가깝게, 단어 중간이나 끝에 올 때는 'ㄲ'로 읽는 것이 일본어 발음에 가깝습니다.

히라가나 청음 さ행

「さ행」은 한국어의 '사·시·스·세·소' 발음과 비슷합니다. 단 「す」 발음에 주의하세요. '스'와 '수'의 중간 발음으로 입모양을 튀어나오게 하지 말고 소리내보세요.

| さ [sa 사] | さ | さ | さ | さ | | |

| し [shi 시] | し | し | し | し | | |

| す [su 스] | す | す | す | す | | |

| せ [se 세] | せ | せ | せ | せ | | |

| そ [so 소] | そ | そ | そ | そ | | |

히라가나 청음 た행

「た행」은 '타·티·투·테·토'가 아닙니다. 헷갈리지 마세요. 「ち」와 「つ」는 우리말의 '치', '츠'에 가깝고요, 「た·て·と」는 단어 첫글자에서는 'ㅌ'에 가깝고, 단어 중간이나 끝에 있으면 'ㄸ'에 가깝게 발음합니다.

[ta 타]

[chi 치]

[tsu 츠]

[te 테]

[to 토]

히라가나 청음 な행

「**な**행」은 한국어의 '나·니·누·네·노' 발음과 비슷합니다. 단 「**ぬ**」발음에 주의하세요. '누'와 '느'의 중간 발음으로 입모양을 튀어나오게 하지 말고 '누'라고 소리냅니다.

히라가나 청음 は행

「は행」은 한국어의 '하·히·후·헤·호' 발음과 비슷합니다. 「ひ」는 입술을 옆으로 당겨 발음하고, 「ふ」를 발음할 때는 입술을 너무 둥글리지 말고 약간 평평한 상태에서 소리내야 합니다.

히라가나 청음 ま행

「ま」행은 한국어의 '마·미·무·메·모' 발음과 비슷합니다. 「む」는 한국어의 '무'라고 발음하기 보다는 '무'와 '므'의 중간발음이라고 생각하면서 소리내도록 해보세요.

히라가나 청음 や행

「や행」은 한국어의 '야·유·요' 발음과 비슷합니다.

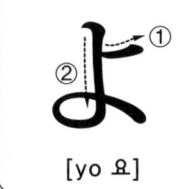

히라가나 청음 ら행

「ら행」은 한국어의 '라·리·루·레·로' 발음과 비슷합니다. 「る」와 「ろ」는 헷갈리기 쉬우니까 정확히 익히세요. 일본어 동사에는 「る」로 끝나는 단어들이 많답니다.

히라가나 청음 わ행・ん

발음은 한국어의 '와·오'와 비슷합니다. 「を」는 조사로만 쓰이며, 「あ」행의 「お」와 발음이 같습니다.

わ わ わ わ

を を を を

ん ん ん ん

히라가나 탁음 が행

'탁음'은 글자의 오른쪽 위에 탁점(˚)이 붙은 것입니다. 탁음은 「か」「さ」「た」「は」 행에서만 나타납니다. 탁음의 「が행」은 한국어의 '가·기·구·게·고', 영어의 「g」발음과 비슷합니다.

히라가나 탁음 ざ행

탁음의 「ざ행」은 영어의 「z」 발음으로 한국인들에게는 조금 어려운 발음입니다. 「ず」는 영어로는 발음을 「zu」로 표기하지만, '주'가 아니라 '즈'로 발음해야 합니다.

히라가나 탁음 だ행

탁음의 「だ행」은 「だ・で・ど」는 영어의 「d」발음이며, 「ぢ・づ」는 「じ・ず」와 발음이 같습니다.

히라가나 탁음 ば행

탁음의 「ば행」은 한국어의 '바·비·부·베·보'와 비슷한 발음이지만, 영어의 「b」와 같이 목의 성대를 울려서 내는 발음입니다.

히라가나 반탁음 ぱ행

'반탁음'은 글자의 오른쪽 위에 반탁점(°)이 붙은 것입니다. 반탁음은 「は」행에서만 나타납니다. 영어의 「p」발음과 비슷합니다. 한국어의 '파·피·푸·페·포'와 '빠·삐·뿌·뻬·뽀'의 중간음 정도입니다.

혼동하기 쉬운 글자

모양이 비슷하여 혼동하기 쉬운 글자에 주의하여야 합니다. 한 글자 때문에 단어의 의미가 바뀌거나 일본어에 없는 말이 될 수 있으니 주의합시다.

あ	あ	あ	あ
お	お	お	お

い	い	い	い
り	り	り	り

き	き	き	き
さ	さ	さ	さ

ち	ち	ち	ち
ら	ら	ら	ら

は	は	は	は
ほ	ほ	ほ	ほ

ぬ	ぬ	ぬ	ぬ
め	め	め	め

る	る	る	る
ろ	ろ	ろ	ろ

ね	ね	ね	ね
れ	れ	れ	れ
わ	わ	わ	わ

가타카나 청음 ア행

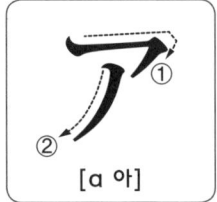
ア	ア	ア	ア		

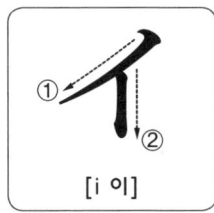
イ	イ	イ	イ		

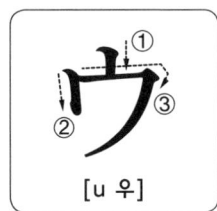
ウ	ウ	ウ	ウ		

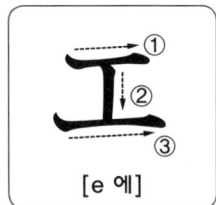
エ	エ	エ	エ		

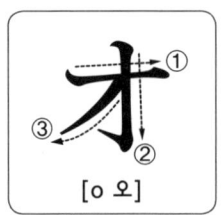
オ	オ	オ	オ		

가타카나 청음 カ행

カ	カ	カ	カ		

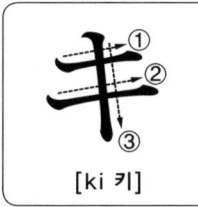

キ	キ	キ	キ		

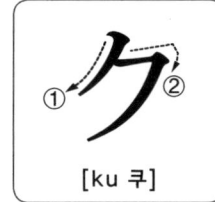

ク	ク	ク	ク		

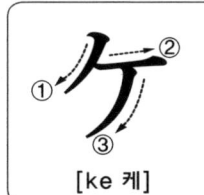

ケ	ケ	ケ	ケ		

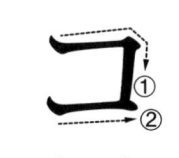

コ	コ	コ	コ		

가타카나 청음 サ행

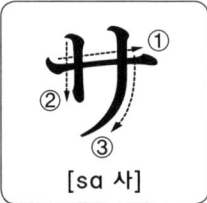
サ サ サ サ

シ シ シ シ

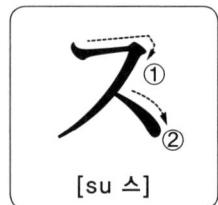
ス ス ス ス

セ セ セ セ

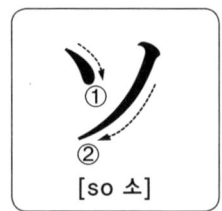
ソ ソ ソ ソ

가타카나 청음 タ행

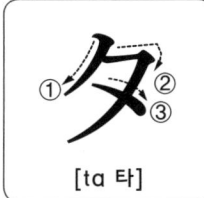

タ	タ	タ	タ		

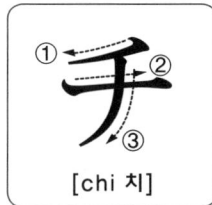

チ	チ	チ	チ		

ツ	ツ	ツ	ツ		

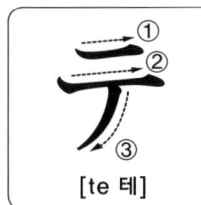

テ	テ	テ	テ		

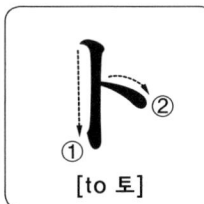

ト	ト	ト	ト		

가타카나 청음 ナ행

가타카나 청음 ハ행

가타카나 청음 マ행

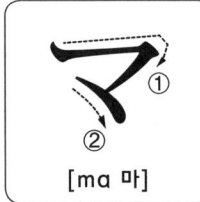
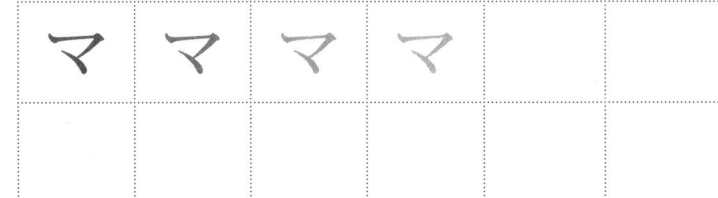

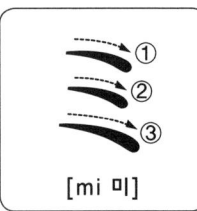
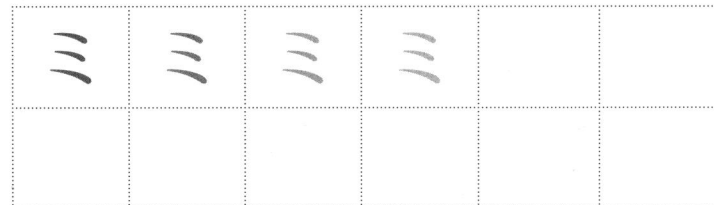

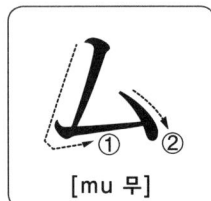
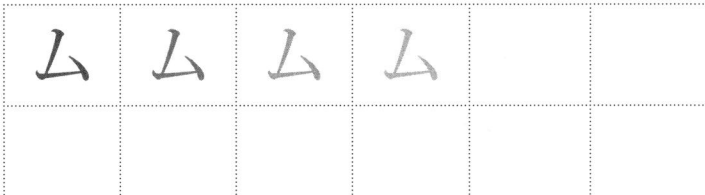

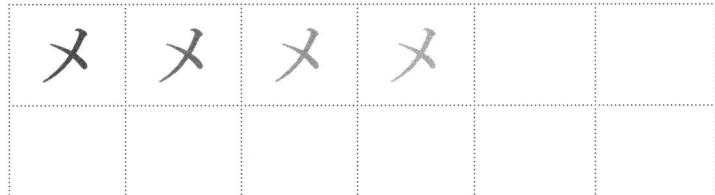

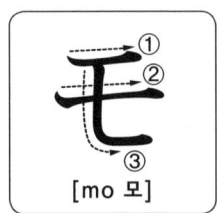

가타카나 청음 ヤ행

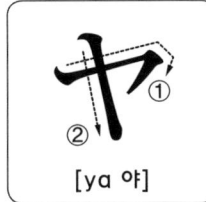

ヤ	ヤ	ヤ	ヤ		

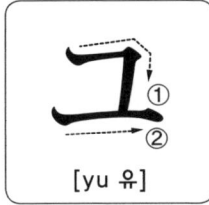

ユ	ユ	ユ	ユ		

가타카나의 「ユ」는 「コ」와 헷갈리기 쉬우니까 주의해서 외우세요.

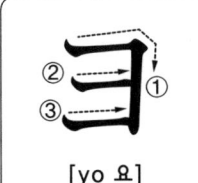

ヨ	ヨ	ヨ	ヨ		

가타카나 청음 ラ행

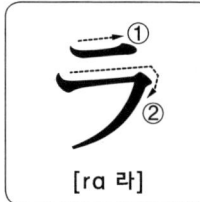

ラ ラ ラ ラ

リ リ リ リ

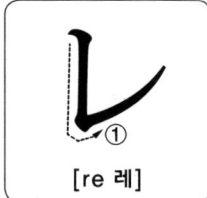
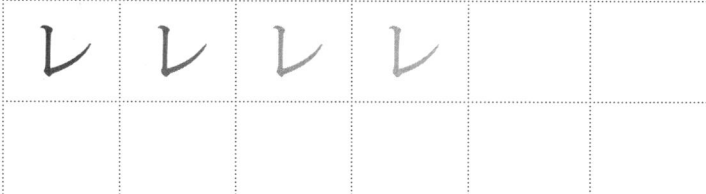

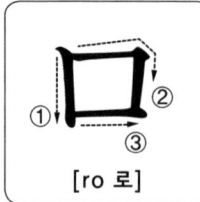

ロ ロ ロ ロ

가타카나 청음 ワ행・ン

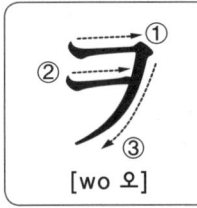

가타카나의 「ヲ」는 거의 쓰이는 일이 없고, 발음이 같은 「オ」가 주로 쓰입니다.

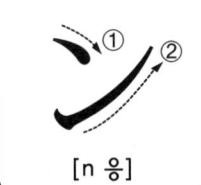

가타카나 탁음 ガ행

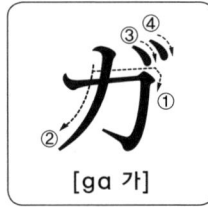

ガ	ガ	ガ	ガ		

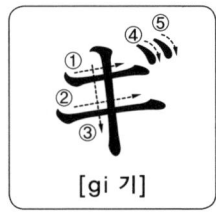

ギ	ギ	ギ	ギ		

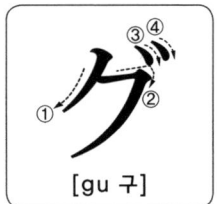

グ	グ	グ	グ		

ゲ	ゲ	ゲ	ゲ		

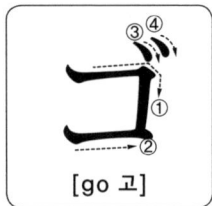

ゴ	ゴ	ゴ	ゴ		

가타카나 탁음 ザ행

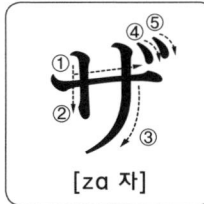

| ザ | ザ | ザ | ザ | | |

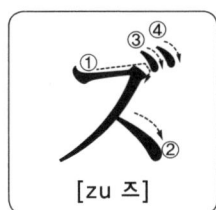

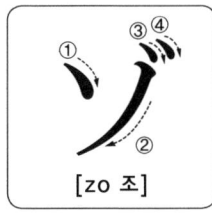

가타카나 탁음 ダ행

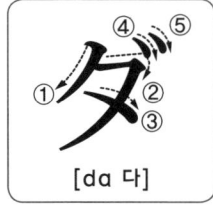

가타카나 「ヂ・ヅ」는 거의 쓰이는 일이 없고, 그 대신에 발음이 같은 「ジ・ズ」가 주로 쓰입니다.

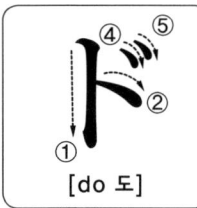

가타카나 탁음 バ행

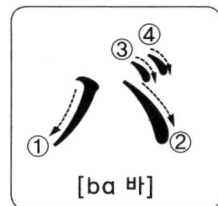

バ	バ	バ	バ		

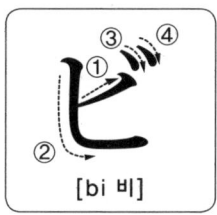

ビ	ビ	ビ	ビ		

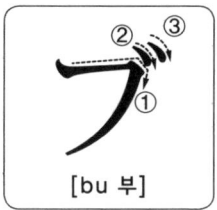

ブ	ブ	ブ	ブ		

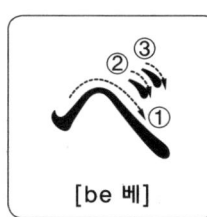

ベ	ベ	ベ	ベ		

ボ	ボ	ボ	ボ		

가타카나 반탁음 パ행

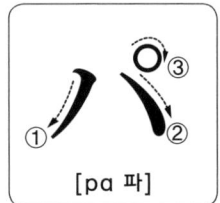
[pa 파]

パ パ パ パ

[pi 피]

ピ ピ ピ ピ

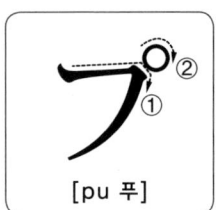
[pu 푸]

プ プ プ プ

[pe 페]

ペ ペ ペ ペ

[po 포]

ポ ポ ポ ポ

혼동하기 쉬운 글자

모양이 비슷하여 혼동하기 쉬운 글자에 주의하여야 합니다. 한 글자 때문에 단어의 의미가 바뀌거나 일본어에 없는 말이 될 수 있으니 주의합시다.

オ	オ	オ	オ
ネ	ネ	ネ	ネ

ク	ク	ク	ク
ケ	ケ	ケ	ケ

コ	コ	コ	コ
ユ	ユ	ユ	ユ

シ	シ	シ	シ
ツ	ツ	ツ	ツ

ソ	ソ	ソ	ソ
ン	ン	ン	ン

ホ	ホ	ホ	ホ
モ	モ	モ	モ

メ	メ	メ	メ
ヌ	ヌ	ヌ	ヌ

ラ	ラ	ラ	ラ
ヲ	ヲ	ヲ	ヲ

히라가나 요음

「き·ぎ·し·じ·ち·に·ひ·び·ぴ·み·り」 뒤에 반모음인 「や·ゆ·よ」를 작게 써서 한 글자처럼 한 박자로 발음되는 것을 요음이라고 합니다.

きゃ	きゅ	きょ
[kya 캬]	[kyu 큐]	[kyo 쿄]

きゃ	きゃ	きゅ	きゅ	きょ	きょ

ぎゃ	ぎゅ	ぎょ
[gya 갸]	[gyu 규]	[gyo 교]

ぎゃ	ぎゃ	ぎゅ	ぎゅ	ぎょ	ぎょ

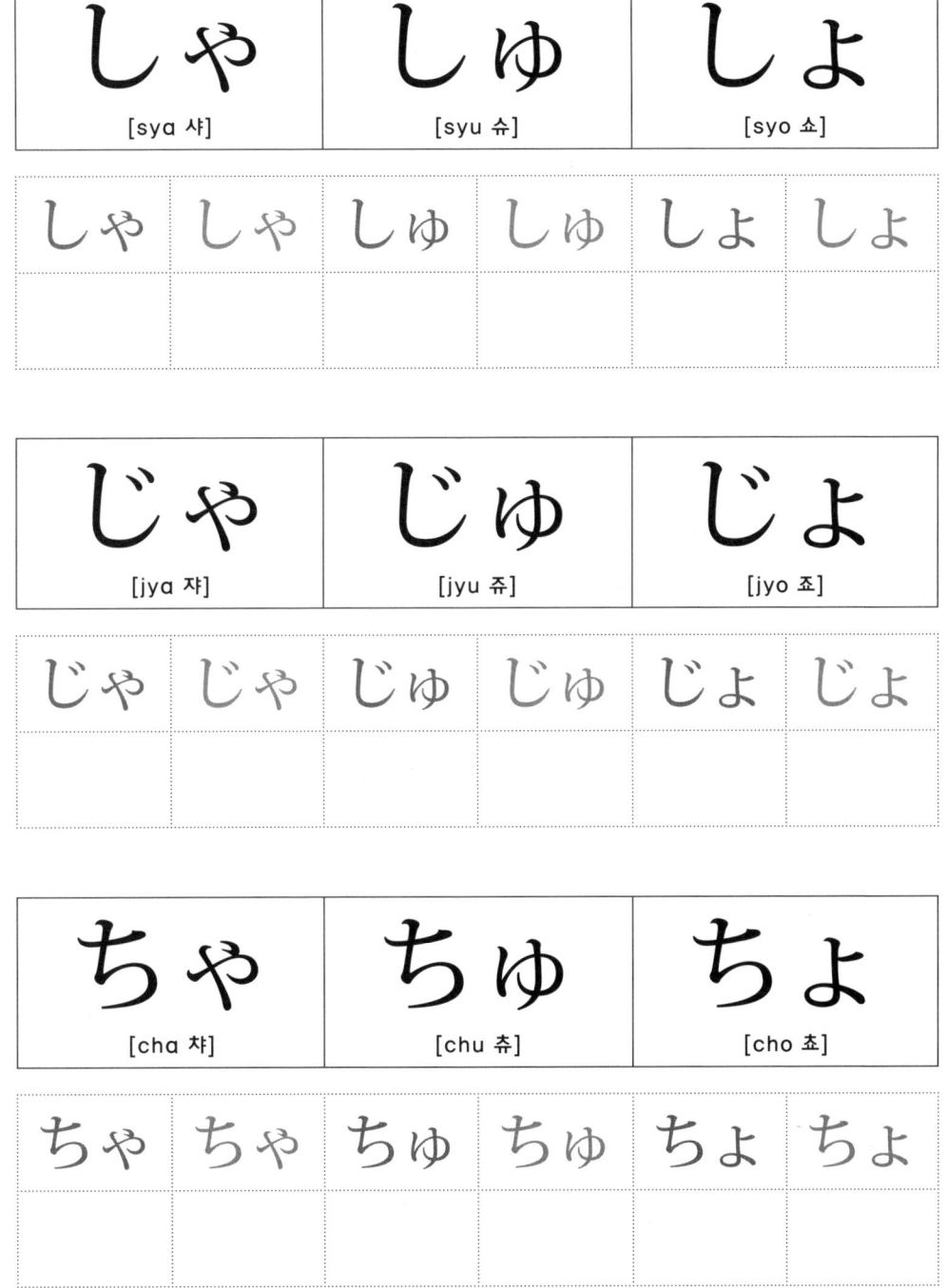

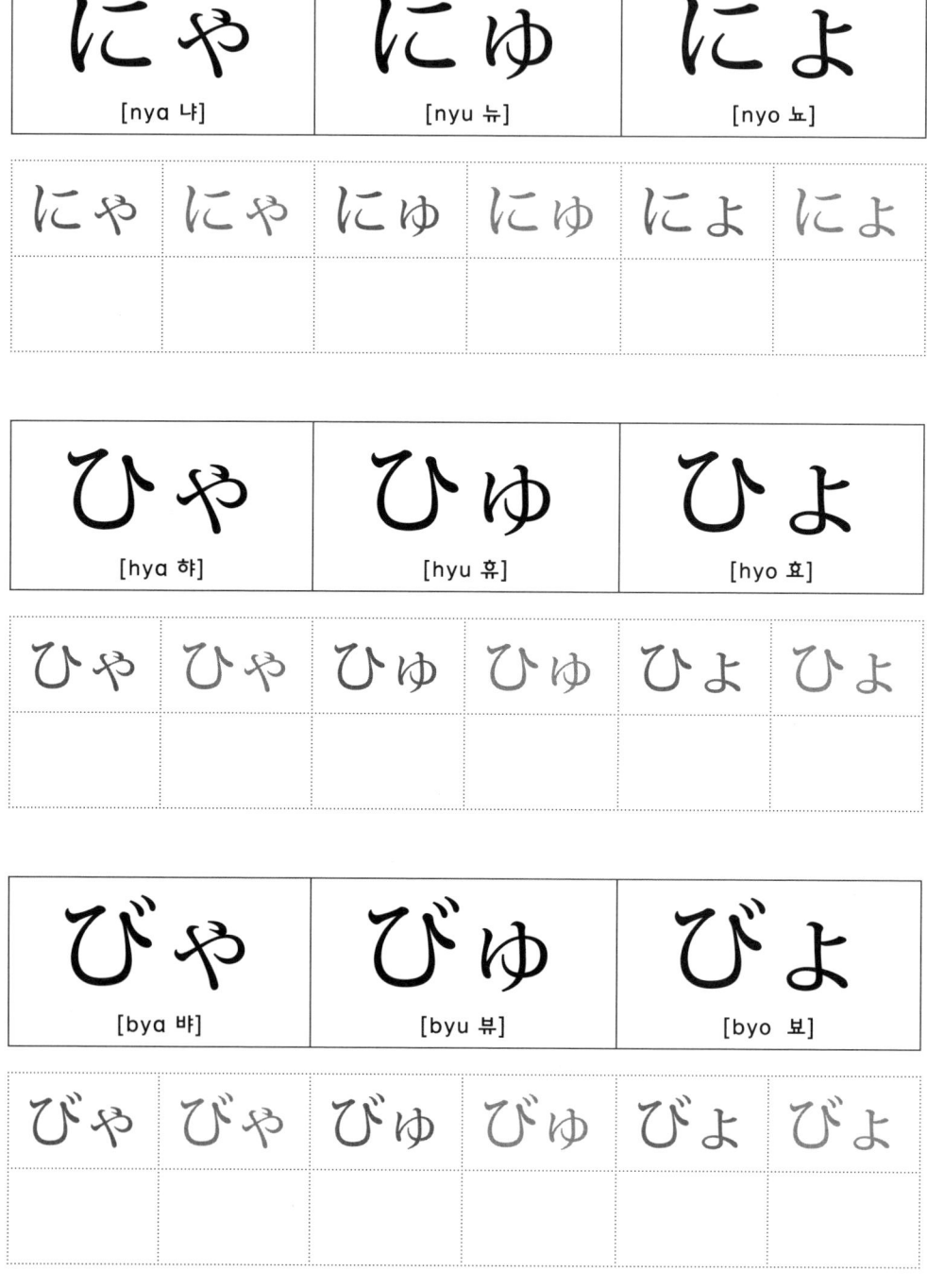

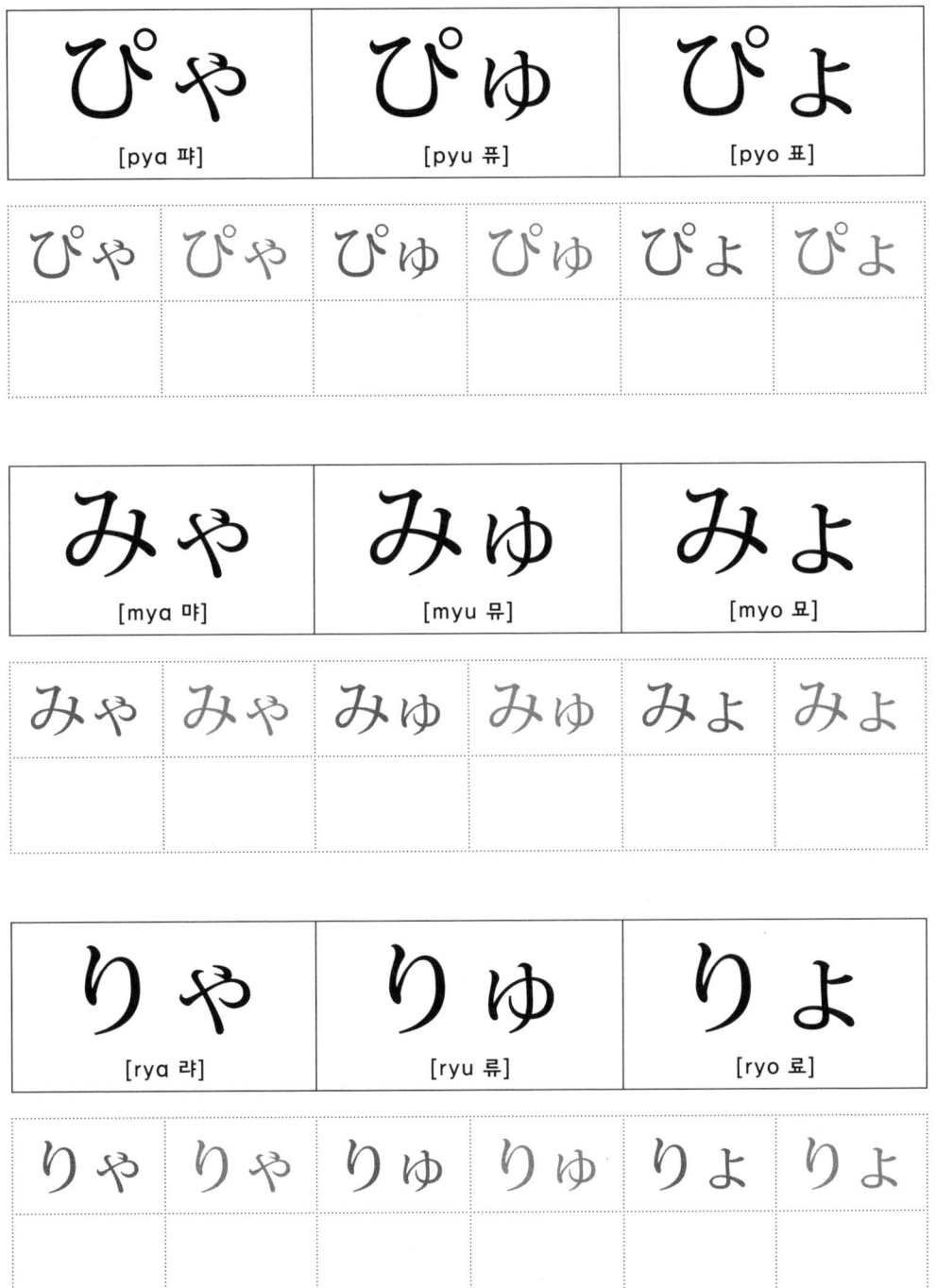

가타카나 요음

キャ	キュ	キョ
[kya 캬]	[kyu 큐]	[kyo 쿄]

キャ	キャ	キュ	キュ	キョ	キョ

ギャ	ギュ	ギョ
[gya 갸]	[gyu 규]	[gyo 교]

ギャ	ギャ	ギュ	ギュ	ギョ	ギョ

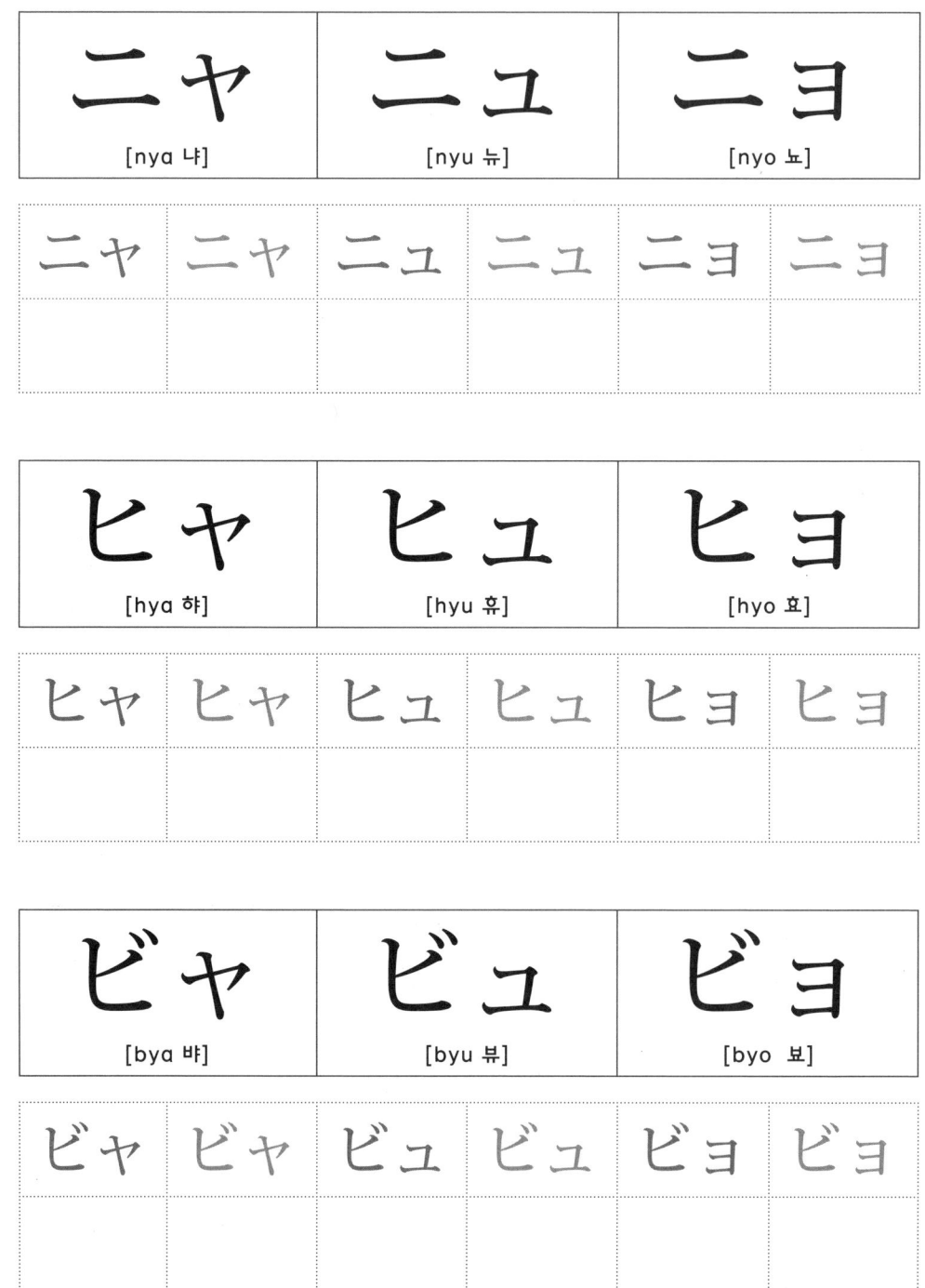

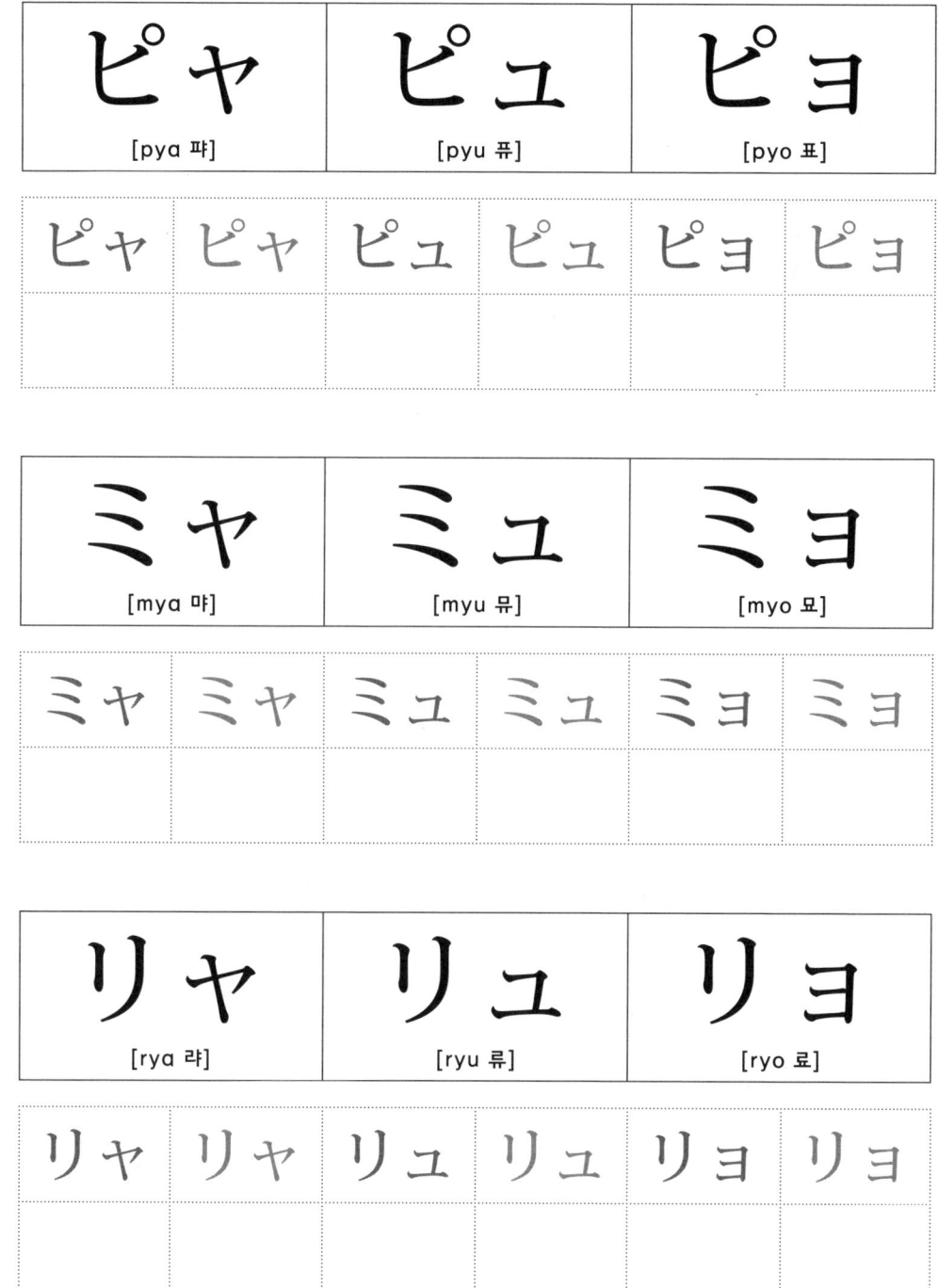

Note

Note

저자 김태희·임찬수
(중앙대 일본어 교재 편찬 교수진)

개정판

이 책을
읽기 전에

외국어를 배운다는 것은 우리의 삶에서 어떤 의미를 갖는 것일까요.

외국어는 우리에게 언어 속에 녹아 있는 새로운 사고방식과 행동양식을 만날 수 있게 해 줍니다. 이는 나의 삶이 풍부해지고 시야가 넓어진다는 것을 의미하겠지요.

당신이 이 책을 펼친 이유는 일본어에 대한 호기심, 미래를 위한 준비, 그리고 일본 문화에 대한 관심 등 다양할 것입니다. 일본어를 시작하는 계기는 다를 수 있지만, 일본어를 배우는 과정은 일본어가 드러내는 사고와 문화를 탐험하여 그들에게 익숙한 어휘로 나의 생각을 표현하고, 상대의 생각을 이해하는 연습입니다.

이 책은 단어와 문형·회화 연습에 더하여, 학습자 스스로 자신의 시야를 넓혀 가는 일본어 학습에 작은 길잡이가 되고자 하였습니다.

각 과는 [説明と練習(설명과 연습)], [本文(본문)], [聞き取りと書き取り(듣기와 쓰기)]의 세 코너로 이루어져 있습니다.

[説明と練習]에서 주요 문형과 어휘를 학습합니다. 초급과정에서 익혀야 하는 문형을 제시하고, 학습자가 자신의 일상을 표현하는데 필요한 어휘를 우선적으로 도입하였습니다. 가능한 다양한 어휘를 제시하여 학습자가 선택적으로 사용할 수 있도록 하였습니다.

[本文]에는 일본인의 언어행동과 문화를 체험할 수 있는 장면을 제시하였습니다.

이 책의 본문은 '김태호'라는 한국인 대학생이 일본에 머물며 일본을 겪어나가는 이야기로 구성되어 있습니다. 장면에 대한 이해를 돕기 위하여 본문 도입부에 대화 상황을 설명하는 지문을 일본어와 한국어로 제시하였습니다. 김태호 씨는 일본인 친구 야마다 겐타 씨와 거리를 걷다가 카페에 들어가 커피를 주문하고, 라면을 사 먹고, 영화를 보러 가거나 일본 전통극을 보러 가기도 합니다.

본문 말미에는 [함께 이야기해 봅시다(話し合ってみましょう)]라는 코너를 통해 주요 화제와 관련 있는 일본의 문화 현상이나 어휘를 제시하였습니다. 이 코너는 수업에서 개인별·그룹별 과제로, 또는 발표 수업의 재료로 활용할 수 있으리라 생각합니다. 학습자 스스로 조사와 토론을 통해 일본어에 대한 소양을 넓혀갈 수 있을 것입니다.

[聞き取りと書き取り]에서는 앞에서 학습한 내용을 토대로 간단한 듣고 쓰기 연습을 할 수 있습니다.

학습자 여러분은 이 책을 통해 호기심 가득한 태호 씨와 함께 일본어, 일본 문화를 만나며 일본인의 언어행동을 학습해 나갈 수 있을 것입니다. 태호 씨와 한 걸음 한 걸음 일본 문화의 구석구석을 걸어 보지 않으시겠습니까?

끝으로, 이 책의 구성에 도움을 주신 전태호선생님, 이선화선생님께 감사의 말씀을 전합니다.

저자일동.

차례

이 책을 읽기 전에	3
차례	4
구성과 특징	5
일본어 문자와 발음	6

01#	ひらがなと電話番号	8
02#	はじめまして。	30
03#	ホットコーヒーとチーズケーキ	42
04#	辛いラーメンが好きです。	58
05#	神保町で伊東さんに会う。	70
06#	ポスターにはミッションがありました。	84
07#	いい経験でした。	96
08#	地下鉄に乗って学校へ行きます。	108
09#	劇場の中でお弁当を食べています。	120
10#	優しくて親切な人が好きです。	130

듣기 스크립트 & 정답	142
동사의 접속 활용표	150
형용사 및 명사의 접속 활용표	152

구성과 특징

1. 본 책은 일본어 문자와 발음, 기초 문법, 회화를 학습하는 입문 교재입니다.

2. 전체 구성은 1과~3과는 문자와 발음 및 인사 표현, 4과~10과는 일본어 학습 입문자들이 알아야 할 기초 문법과 더불어 단어와 문형, 회화 연습으로 구성되어 있습니다.

3. 각 과는 [説明と練習(설명과 연습)], [本文(본문)], [聞き取りと書き取り(듣기와 쓰기)]의 세 코너로 이루어져 있습니다.

4. 시사일본어사 홈페이지에서 mp3파일을 무료로 다운로드할 수 있습니다. mp3파일에는 일본어 문자와 발음, 본문 회화, 회화 연습 등이 실려 있습니다.

설명과 연습

주요 문형과 어휘를 학습합니다.
초급과정에서 익혀야 하는 문형을 제시하고, 학습자가 자신의 일상을 표현하는데 필요한 어휘를 우선적으로 도입하였습니다. 가능한 다양한 어휘를 제시하여 학습자가 선택적으로 사용할 수 있도록 하였습니다.

듣기와 쓰기

앞에서 학습한 내용을 토대로 체계적인 듣고 쓰기 연습을 할 수 있도록 구성하였습니다.

본문 회화

본문 회화에서는 일본인의 언어행동과 문화를 체험할 수 있는 장면을 제시하였습니다.
장면에 대한 이해를 돕기 위하여 본문 도입부에 대화 상황을 설명하는 지문을 일본어와 한국어로 제시하였습니다.

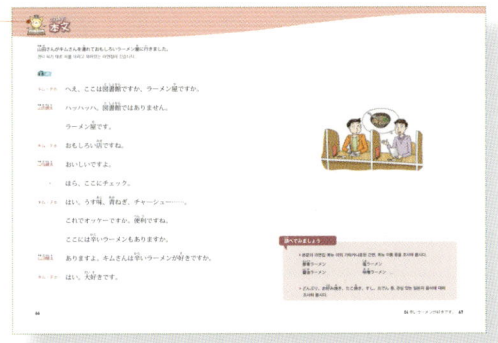

일본어 문자와 발음 - **히라가나**

○ 일본어 시작은 히라가나부터

일본어를 익히려면 50음도 표부터 외워야 해요. 50음도 표이긴 하지만 실제 사용되지 않는 것을 빼면 46개랍니다. 큰 소리로 읽어가며 외우세요.

 01

히라가나 50음도 표

행\단	あ	い	う	え	お
あ	あ a	い i	う u	え e	お o
か	か ka	き ki	く ku	け ke	こ ko
さ	さ sa	し shi	す su	せ se	そ so
た	た ta	ち chi	つ tsu	て te	と to
な	な na	に ni	ぬ nu	ね ne	の no
は	は ha	ひ hi	ふ fu	へ he	ほ ho
ま	ま ma	み mi	む mu	め me	も mo
や	や ya		ゆ yu		よ yo
ら	ら ra	り ri	る ru	れ re	ろ ro
わ	わ wa				を o
					ん n

일본어 문자와 발음 – **가타카나**

○ 외래어는 **가타카나**로

외래어·외국어 등은 가타카나로 표기합니다. 그 외래어를 표기하는 글자가 바로 가타카나! 가타카나를 읽을 줄 알면 일본 잡지며 거리 간판의 많은 부분을 이해할 수 있답니다. 또, 의성어·의태어와 강조하고 싶은 말에도 가타카나를 쓰니 히라가나와 함께 꼭 외워 둬야 합니다.

가타카나 50음도 표

행＼단	ア	イ	ウ	エ	オ
あ	ア a	イ i	ウ u	エ e	オ o
か	カ ka	キ ki	ク ku	ケ ke	コ ko
さ	サ sa	シ shi	ス su	セ se	ソ so
た	タ ta	チ chi	ツ tsu	テ te	ト to
な	ナ na	ニ ni	ヌ nu	ネ ne	ノ no
は	ハ ha	ヒ hi	フ fu	ヘ he	ホ ho
ま	マ ma	ミ mi	ム mu	メ me	モ mo
や	ヤ ya		ユ yu		ヨ yo
ら	ラ ra	リ ri	ル ru	レ re	ロ ro
わ	ワ wa				ヲ o
					ン n

01

ひらがなと
電話番号
でん わ ばんごう

이 과에서 배우게 될 것은요…

| ひらがな |
| 1, 2, 3 |
| 제 전화번호는 010-1234-5678입니다. |
| 67 |

❶ 가나(仮名)

1 일본어 문장의 구성

일본어 문장은 주로 히라가나(平仮名)와 가타카나(カタカナ), 한자(漢字)로 이루어져 있습니다. 또 필요에 따라 숫자와 로마자, 기호 등이 쓰여 지기도 합니다. 다음 문장을 통해 히라가나와 가타카나, 한자, 쉼표(読点), 마침표(句点)의 위치와 역할을 확인해 보세요. 또 우리말 문장과의 차이점도 찾아 보세요.

この店はカツカレーが1,800円です。ちょっと高いですが、とてもおいしいです。

(이 가게는 돈가스 카레 덮밥이 1,800엔입니다. 조금 비싸지만 아주 맛있습니다.)

우리말과 어떤 차이점이 보이시나요? 우선, '돈가스 카레 덮밥'에 해당하는 부분이 가타카나로 쓰여 있군요. 또 띄어쓰기(分かち書き)가 없는 점이 눈에 뜨입니다.

2 가나의 기원

일본어의 글자를 가나라고 합니다. 가나에는 히라가나(ひらがな)와 가타카나(カタカナ)가 있는데, 이 두 글자 체계의 기원을 만요가나(万葉仮名)로 봅니다. 만요가나는 고대 일본인들이 일본어를 표기하기 위하여 한자(漢字)의 음(音)만을 따서 쓴 글자입니다. 9세기 무렵 이 만요가나의 자형 전체를 초서체로 흘려 쓴 모양을 본떠 히라가나가 성립되었고, 만요가나 자형의 일부를 생략하여 간략하게 쓴 모양으로 가타카나가 성립되었습니다.

히라가나는 헤이안 시대(平安時代 : 794~1192) 중반 이후 귀족 여성들 사이에서 널리 쓰이게 되면서 여류문학의 융성을 가져다주었습니다. 이 귀족 여성들과 문학의 융성에 큰 영향을 미친 사람들 중, 뇨보(女房)라는 여성들이 있습니다. 헤이안 시대는 아직 무사 계급이 강성해지기 전, 천황과 귀족이 통치를 하던 시기였습니다.

헤이안 시대는 정적이지만 우아한 귀족문화가 꽃을 피운 귀족사회였다고 평가되고 있습니다. 이 시대는 천황의 외척이 정치에 관여하는 섭정(摂政)과 관백(関白)이 강력한 권력을 행사하던 시기였습니다. 그러므로 이 시대에 천황의 외척이 된다는 것은 모든 권력을 손에 쥔다는 것을 의미했겠지요. 따라서 유력한 귀족들은 딸을 낳으면 천황가에 시집을 보내기 위해 어려서부터 신부 수업을 시켰습니다.

이 어린 여성의 보모 겸 개인 교사 역할을 했던 사람이 뇨보입니다. 뇨보는 신분은 높지 않으나 학식과 교양을 겸비한 엘리트 여성이었습니다. 뇨보들은 히라가나로 수필, 소설 등을 쓰고 경쟁적으로 발표하여 궁중을 중심으로 수준 높은 문학 살롱을 형성했다고 합니다. 세쇼나곤(清少納言)의 『마쿠라노소시(枕草子)』나 무라사키시키부(紫式部)의 『겐지모노가타리(源氏物語)』 등 일본을 대표하는 많은 고전 문학 작품들이 이러한 시대적 배경의 산물입니다.

가타카나는 승려가 불경을 읽기 위해, 즉 한문의 훈독을 위해 주로 쓰여 졌습니다. 또한 승려가 스승의 강의를 들으면서 신속하게 필기를 하기 위해 과감하게 자획이 생략되었기 때문에 그 이름도 '자획이 불완전한 가나'란 의미로 가타카나라 불리게 되었습니다. 지금은 주로 외국어나 외래어를 표기하는 데 쓰입니다. 문장이나 단어를 인용·강조하거나, 식물 이름, 동물 이름, 의성어나 의태어를 표기하기도 합니다.

3 오십음도(五十音図)

가나는 5개의 순모음(あ·い·う·え·お)을 포함하여 반모음과 모음이 합쳐진 글자(や·ゆ·よ·わ), 자음과 모음이 합쳐진 글자 등 도합 44개의 글자와 조사로만 쓰이는 「を」, 발음(撥音)「ん」으로 이루어져 있습니다. 가나를 자음과 모음의 순서로 배열한 표를 오십음도라 부릅니다.

❷ 히라가나(平仮名) 익히기-청음(清音)

일본어의 모음이며, 한국어의 '아·이·우·에·오' 발음과 비슷합니다. 단, 「う」 발음에 주의하세요. '우'와 '으'의 중간 발음으로 입술에 힘을 빼고 '으'에 가깝게 소리냅니다.

読んでみましょう ❶

あおい
파랗다

いえ
집

うえ
위

あう
만나다

いいえ
아니오

か행

한국어의 'ㄱ'과 'ㅋ'의 중간 발음이지만, 단어의 첫 글자로 나올 때는 'ㅋ'에 가깝게, 단어 중간이나 끝에 올 때는 'ㄲ'로 읽는 것이 일본어 발음에 가깝습니다.

読んでみましょう ❷

あかい
빨갛다

かき
감

きく
듣다

いけ
못

ここ
여기

한국어의 '사·시·스·세·소' 발음과 비슷합니다. 단, 「す」 발음에 주의하세요.
'스'와 '수'의 중간 발음으로 입 모양을 튀어나오게 하지 말고 소리내 보세요.

読んでみましょう ❸

いす
의자

せかい
세계

うそ
거짓말

さけ
술

おいしい
맛있다

た행

'타·티·투·테·토'가 아닙니다. 헷갈리지 마세요. 「ち」와 「つ」는 우리말의 '치', '츠'에 가깝고요, 「た·て·と」는 단어 첫 글자에서는 'ㅌ'에 가깝고, 단어 중간이나 끝에 있으면 'ㄸ'에 가깝게 발음합니다.

| た [ta] | ち [chi] | つ [tsu] | て [te] | と [to] |

読んでみましょう ④

たいせつ
소중하다

ちかてつ
지하철

つくえ
책상

あつい
덥다

とけい
시계

な행

한국어의 '나·니·누·네·노' 발음과 비슷합니다. 단, 「ぬ」 발음에 주의하세요. '누'와 '느'의 중간 발음으로 입 모양을 튀어나오게 하지 말고 '누'라고 소리냅니다.

🎧 07

| な [na] | に [ni] | ぬ [nu] | ね [ne] | の [no] |

読んでみましょう ⑤

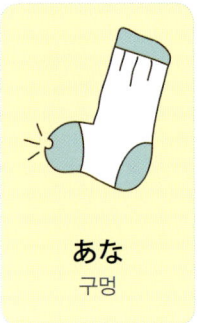
あな
구멍

かに
게

いぬ
개

ねこ
고양이

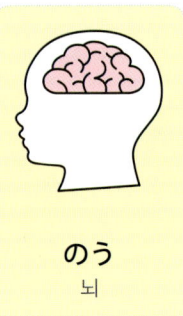
のう
뇌

 행

한국어의 '하·히·후·헤·호' 발음과 비슷합니다. 「ひ」는 입술을 옆으로 당겨 발음하고, 「ふ」를 발음할 때는 입술을 너무 둥글리지 말고 약간 평평한 상태에서 소리 내야 합니다.

は [ha]　ひ [hi]　ふ [fu]　へ [he]　ほ [ho]

読んでみましょう ⑥

はな
꽃

ひと
사람

ふかい
깊다

へそ
배꼽

ほしい
바라다, 원하다

01 ひらがなと電話番号

 한국어의 '마·미·무·메·모' 발음과 비슷합니다. 「む」는 한국어의 '무'라고 발음하기 보다는 '무'와 '므'의 중간 발음이라고 생각하면서 소리 내도록 해 보세요.

| ま [ma] | み [mi] | む [mu] | め [me] | も [mo] |

読んでみましょう ❼

まち
거리

かみ
종이

のむ
마시다

あめ
비

くも
구름

행

한국어의 '야·유·요' 발음과 비슷합니다. 가타카나의 「ユ」는 「コ」와 헷갈리기 쉬우니까 주의해서 외우세요.

や [ya]　　　ゆ [yu]　　　よ [yo]

読んでみましょう ⑧

へや
방

ふゆ
겨울

よなか
한밤중

ゆき
눈

やさしい
상냥하다

한국어의 '라・리・루・레・로' 발음과 비슷합니다. 「る」와 「ろ」는 헷갈리기 쉬우니까 정확히 익히세요. 일본어 동사에는 「る」로 끝나는 단어들이 많답니다.

| ら [ra] | り [ri] | る [ru] | れ [re] | ろ [ro] |

読んでみましょう 😊

そら
하늘

ひかり
빛

おきる
일어나다

かれ
그, 그이

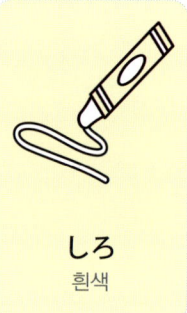
しろ
흰색

わ행

발음은 한국어의 '와 · 오'와 비슷합니다. 「を」는 조사로만 쓰이며, 「あ」행의 「お」와 발음이 같습니다.

ん

「ん」은 뒤에 오는 자음과 같은 조음점(調音点)에서 비음을 1박 발음합니다. 더 자세히 살펴볼까요.

① 양 입술이 다물었다 떨어지며 나는 소리인 ま행, ば행, ぱ행 앞에서는 [m]으로 1박 발음합니다.
　예) ほんも[hommo]　さんびき[sambiki]　さんぽ[sampo]
② 혀끝이 윗니와 입천장이 이어지는 부분에 닿았다 떨어지며 나는 소리인 た행, だ행, な행, ら행 앞에서는 [n]으로 1박 발음합니다.
　예) ほんの[honno]　ほんとう[hontoɯ]　こんど[kondo]　べんり[benɾi]
③ 혀끝이 입천장 안쪽 부분에 닿았다 떨어지며 나는 소리인 か행, が행 앞에서는 [ŋ]으로 1박 발음합니다.
　예) ほんが[hoŋga]　ほんが[hoŋŋa]　かんこく[kaŋkoku]
④ あ행, さ행, は행, や행, わ행 앞에서는 [ṽ]으로 1박 발음합니다.
　예) ほんや[hoṽja]　せんえん[seṽeɴ]　おんせい[oṽse:]　とくさんひん[tokusaṽçiɴ]
⑤ 단어나 문장의 끝에 올 때 날숨이 목젖을 거쳐 비강을 울리는 소리인 [ɴ]으로 1박 발음합니다.
　예) ほん[hoɴ]　ありません[aɾʲimaseɴ]

わ[wa]　を[o]

ん[n]

読んでみましょう ⑩

にわ
정원

ほん
책

かんたん
간단

ほんとう
진짜, 정말

すしをたべる
스시를 먹다

❸ 히라가나(平仮名) 익히기-탁음(濁音)

読んでみましょう ⑪

① まんが　② かぎ　③ えのぐ　④ かげ　⑤ ごご
⑥ ざせき　⑦ あじ　⑧ ちず　⑨ かぜ　⑩ ぞう

読んでみましょう ⑫

① はだ　② はなぢ　③ こづつみ　④ でぐち　⑤ どうぞ
⑥ おば　⑦ くび　⑧ あそぶ　⑨ かべ　⑩ ぼうし

❹ 히라가나(平仮名) 익히기-반탁음(半濁音)

読んでみましょう ⑬

① はっぱ　　② あんぴ　　③ ぶんぷ　　④ がっぺい　　⑤ さんぽ

❺ 히라가나(平仮名) 익히기-요음(拗音)

▶ 요음은 작은 'ゃ, ゅ, ょ'로 표기되며 'い'를 제외한 'い段' 글자의 오른쪽 아래에 붙여 한 글자처럼 발음합니다.

き	ぎ	し	じ	ち	に	ひ	び	ぴ	み	り
きゃ kya	ぎゃ gya	しゃ sha	じゃ ja	ちゃ cha	にゃ nya	ひゃ hya	びゃ bya	ぴゃ pya	みゃ mya	りゃ rya
きゅ kyu	ぎゅ gyu	しゅ syu	じゅ ju	ちゅ chu	にゅ nyu	ひゅ hyu	びゅ byu	ぴゅ pyu	みゅ myu	りゅ ryu
きょ kyo	ぎょ gyo	しょ syo	じょ jo	ちょ cho	にょ nyo	ひょ hyo	びょ byo	ぴょ pyo	みょ myo	りょ ryo

読んでみましょう ⑭

① ぎゅうにゅう　② しゃしん　　③ おちゃ　　④ びょういん　　⑤ りょうり
⑥ とうきょう　　⑦ じゅぎょう　⑧ ひょうか　⑨ びみょう　　　⑩ りゅうがく

❻ 히라가나(平仮名) 익히기-촉음(促音)

▶ 촉음은 작은 'っ'로 표기하며 뒤에 오는 자음에 따라 [s], [p], [k], [t] 등으로 발음합니다. 작은 'ゃ, ゅ, ょ'와는 달리 1박(拍)의 길이만큼 발음합니다.

[s]	こっそり[kossoɾi]	ざっし[dzaʃʃi]
[p]	いっぱい[ippai]	ろっぽんぎ[roppongi]
[k]	がっこう[gakkoɯ]	けっきょく[kekkʲokɯ]
[t]	ぼっとう[bottoɯ]	こっち[kottʃi]

読んでみましょう ⑮

① こっそり　　② ゆきがっせん　　③ けっしょうせん
④ もっぱら　　⑤ りっぱ　　　　　⑥ きっかけ
⑦ まっとう　　⑧ こっとうひん　　⑨ ぼっちゃん

❼ 히라가나(平仮名) 익히기-장음(長音)

▶ 다음의 경우 앞 글자를 2박의 길이만큼 길게 발음합니다.

① 같은 모음　　　　　　　　: ああ／いいえ／おいしい／くふう／ええ／おおきい
② [e] 모음 뒤에 [i] 모음　 : せんせい／きれい／けいたいでんわ
③ [o] 모음 뒤에 [u] 모음　 : がっこう／こうどう／りょうり／ほんとう

❽ 숫자 1(数字1)

▶ 다음 숫자를 읽어 봅시다.

1	2	3	4	5	6	7	8	9	10	0
いち	に	さん	し／よん	ご	ろく	しち／なな	はち	く／きゅう	じゅう	れい／ゼロ

読んでみましょう ⓰

▶ 自分の電話番号を数字で書いて日本語で読んでみましょう。

(자신의 전화번호를 숫자로 쓰고 일본어로 읽어 봅시다.)

私の電話番号は＿＿＿＿＿＿＿＿＿＿＿＿＿＿＿＿＿＿＿です。

❾ 숫자 2(数字2)

▶ 다음 숫자를 읽어 봅시다.

11	じゅういち	20	にじゅう
12	じゅうに	30	さんじゅう
13	じゅうさん	40	よんじゅう
14	じゅうよん(じゅうし)	50	ごじゅう
15	じゅうご	60	ろくじゅう
16	じゅうろく	70	しちじゅう(ななじゅう)
17	じゅうしち(じゅうなな)	80	はちじゅう
18	じゅうはち	90	きゅうじゅう
19	じゅうく(じゅうきゅう)	100	ひゃく

キムさんが山田さんの電話番号を聞いています。
태호 씨가 겐타 씨의 전화번호를 묻고 있습니다.

🎧 18

キム・テホ	あの、すみませんが、電話番号をお願いできますか。
山田健太	電話番号ですか。080－432－1234です。
キム・テホ	ゼロはちゼロのよんさんにのいちにさんよんですね。 ありがとうございます。

080－432－1234

話し合ってみましょう

▶ 반 친구에게 전화번호를 물어 받아 적어 봅시다.

名前	電話番号

聞き取りと書き取り

🎧 19

1 다음을 듣고 바르게 표기한 단어를 고르세요.

① a. かぎ　　　　　b. かき

② a. いえ　　　　　b. いいえ

③ a. たつ　　　　　b. だつ

④ a. もてる　　　　b. もってる

2 다음을 듣고 빈칸에 히라가나를 넣으세요.

① か_____　　　② に_____

③ おき_____　　④ や_____しい

⑤ _____お　　　⑥ ほ_____い

⑦ た_____き　　⑧ そ_____

3 다음을 듣고 빈칸에 숫자를 써 넣으세요.

① 私の電話番号は 010-9803-1____58です。

② 私の電話番号は 02-_____-6321です。

③ 私の電話番号は 070-_____-1782です。

4 다음을 듣고 숫자를 받아 적어 보세요.

① _____

② _____

③ _____

④ _____

電話番号 전화번호

あ	か	さ	た	な	は	ま	や	ら	わ
い	き	し	ち	に	ひ	み		り	
う	く	す	つ	ぬ	ふ	む	ゆ	る	
え	け	せ	て	ね	へ	め		れ	
お	こ	そ	と	の	ほ	も	よ	ろ	を

ん

01 ひらがなと電話番号　29

02

はじめまして。

이 과에서 배우게 될 것은요…

- 처음뵙겠습니다.
- 김태호입니다.
- 이쪽으로 오세요.
- 그건 제 가방입니다.
- 여기는 학교가 아니에요.

❶ あいさつ

▶ 다음 인사말을 읽어 봅시다.

①  はじめまして。キム・テホです。
どうぞよろしくお願(ねが)いします。
― こちらこそ。よろしくお願(ねが)いします。

②  おはようございます。
― おはようございます。

③  こんにちは。
― こんにちは。

④  こんばんは。
― こんばんは。

⑤  どうもありがとうございます。
― いいえ、どういたしまして。

⑥  お元気(げんき)ですか。
― はい、お陰(かげ)さまで、元気(げんき)です。

⑦  山田(やまだ)さん、お久(ひさ)しぶりですね。
― はい、久(ひさ)しぶりですね。

⑧ それじゃ、さようなら。
― さようなら。
― また、あした。
― また来週、お会いします。

⑨ どうぞ。
― いただきます。

⑩ ― ごちそうさまでした。

⑪ 行ってきます。
― いってらっしゃい。

⑫ ただいま。
― お帰りなさい。

⑬ お休みなさい。
― お休み。

⑭ あの、すみません。
― はい。

❷ 次の<ruby>単語<rt>たんご</rt></ruby>を<ruby>読<rt>よ</rt></ruby>んでみましょう。

<ruby>練習<rt>れんしゅう</rt></ruby>してみましょう ❶

▶ これは<ruby>日本語<rt>にほんご</rt></ruby>で<ruby>何<rt>なん</rt></ruby>ですか。

① つくえ　　② いす　　③ かばん　　④ えんぴつ　　⑤ <ruby>本<rt>ほん</rt></ruby>

⑥ <ruby>財布<rt>さいふ</rt></ruby>　　⑦ めがね　　⑧ くつ　　⑨ <ruby>何<rt>なに</rt></ruby>（<ruby>何<rt>なん</rt></ruby>）　　⑩ <ruby>学校<rt>がっこう</rt></ruby>

⑪ <ruby>教室<rt>きょうしつ</rt></ruby>　　⑫ <ruby>図書館<rt>としょかん</rt></ruby>　　⑬ <ruby>お手洗<rt>てあら</rt></ruby>い　　⑭ <ruby>私<rt>わたし</rt></ruby>　　⑮ あなた

⑯ <ruby>学生<rt>がくせい</rt></ruby>　　⑰ <ruby>先生<rt>せんせい</rt></ruby>　　⑱ <ruby>友<rt>とも</rt></ruby>だち　　⑲ <ruby>彼<rt>かれ</rt></ruby>　　⑳ <ruby>彼女<rt>かのじょ</rt></ruby>

㉑ <ruby>韓国人<rt>かんこくじん</rt></ruby>　　㉒ <ruby>日本人<rt>にほんじん</rt></ruby>　　㉓ <ruby>中国人<rt>ちゅうごくじん</rt></ruby>　　㉔ <ruby>人<rt>ひと</rt></ruby>　　㉕ <ruby>誰<rt>だれ</rt></ruby>

❸ 私は大学生です。

▶「〜です」는 우리말로 '~입니다', '~예요'라고 해석합니다.

1. 私は韓国人です。
2. これはつくえです。
3. あの人は伊東さんです。
4. 彼は日本人ですか。
    ― はい、日本人です。
    ― いいえ、韓国人です。
5. 教室はどこですか。
    ― あそこです。
6. 学食はどちらですか。
    ― あちらです。
7. こちらは林さんです。

覚えましょう

	物事（ものごと）	場所（ばしょ）	方向（ほうこう）	名詞修飾（めいししゅうしょく）
こ	これ	ここ	こちら	この
そ	それ	そこ	そちら	その
あ	あれ	あそこ	あちら	あの
ど	どれ	どこ	どちら	どの

❹ 韓国のキムさんです。 🎧22

▶ 소유나 소속, 속성을 나타내는 조사「の」입니다. 우리말로 '~의'라고 해석합니다.

> 1. こちらは韓国のキムさんです。
> 2. こちらは私の友だちです。
> 3. これはキムさんのつくえですか。
>   ― はい、そうです。
> 4. キムさんのつくえはこれですか。
>   ― いいえ、違います。あれです。

❺ それは私のです。

▶ 같은 명사의 반복을 피하기 위하여, 또는 대화 당사자 간에 서로 알고 있는 사항을 생략하고 싶을 때 쓰는 「の」입니다. 우리말로 '~(의) 것'이라고 해석합니다.

> 1. これは誰のめがねですか。
>   ― それは私のです。
> 2. このかばんは誰のですか。
>   ― そのかばんは先生のです。
> 3. 伊東さん、これは伊東さんの時計ですか。
>   ― いいえ、吉川さんのです。

❻ それは日本語の本です。

▸ 명사와 명사를 이어 복합명사를 만들 때 일본어에서는 「～の～」의 형태로 쓰는 경우가 많습니다. 우리말로 번역하지 않는 것이 자연스럽습니다.

> 1 これは何ですか。
> ― それは日本語の本です。
> 2 彼女は中国語の先生です。
> 3 あの、すみませんが、ここは地下鉄の駅ですか。

❼ 私のかばんではありません。

▸ 명사문의 부정형입니다. 명사에 「では(じゃ)ありません(ないです)」을 붙입니다. 우리말로 '~이(가) 아닙니다'로 해석하면 대체로 적당합니다.

> 1 それは私のかばんではありません。
> 2 このえんぴつは私のではありません。
> 3 ここは学校ではありません。
> 4 私は日本人ではありません。

山田さんがキムさんと大学の食堂で同じ学科の伊東さんに出くわしました。
겐타 씨가 태호 씨와 대학 식당에서 같은 학과의 미사키 씨를 우연히 만났습니다.

山田健太	あ、伊東さん。
伊東美咲	あら、山田さん、お久しぶりですね。
山田健太	はい、久しぶりですね。
	こちらは韓国のキムさん。友だちです。
キム・テホ	はじめまして。キム・テホです。
	どうぞよろしくお願いします。
伊東美咲	こんにちは。伊東美咲です。よろしくお願いします。
キム・テホ	こちらへどうぞ。
伊東美咲	はい、ありがとうございます。

調べてみましょう

▶ '説明と練習'에서 제시된 인사말 이외에 일상에서 많이 쓰이는 인사말을 조사해 봅시다.

▶ 우리가 일상에서 자주 쓰는 인사말을 떠올려 보고 일본어의 인사말과 비교해 봅시다.

🎧 24

1 다음 대화를 듣고 그림을 연결해 보세요.

(a)

① 李

(c)

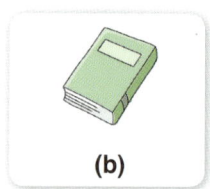
(b)

② 市川
　いちかわ

(d)

2 다음 대화를 듣고 빈칸에 단어를 쓰세요.

① あなたは_____ですか。

② _____よろしくお願いします。
　　　　　　　　　　　　　　　　ねが

③ 市川さんは日本語_____先生ですか。
　 いちかわ　　　にほんご　　　　　　　　　　せんせい

④ 李さんは_____ですか。
　 イ

3 다음 대화내용을 그림과 연결시켜 보세요.

①　　　　　②　　　　　③　　　　　④

(a)

(b)

(c)

(d)

この場面 　学食 학식

02 はじめまして。

03

ホットコーヒーと チーズケーキ

カタカナ

캐러멜 바닐라 카푸치노 주세요.

예, 알겠습니다.

잠시 기다려 주십시오.

이 과에서 배우게 될 것은요…

❶ 가타카나(カタカナ) 익히기

| ア [a] | イ [i] | ウ [u] | エ [e] | オ [o] |

読んでみましょう ❶

| アイスクリーム | イギリス | ウイスキー | エレベーター | オムレツ |

| カ[ka] | キ[ki] | ク[ku] | ケ[ke] | コ[ko] |

| ガ[ga] | ギ[gi] | グ[gu] | ゲ[ge] | ゴ[go] |

読んでみましょう❷

| カー | エゴ | クッキー | ケーキ | ココア |

| サ[sa] | シ[shi] | ス[su] | セ[se] | ソ[so] |

| ザ[za] | ジ[ji] | ズ[zu] | ゼ[ze] | ゾ[zo] |

読んでみましょう ❸

| ソーセージ | シーソー | スキー | コース | ケース |

| タ [ta] | チ [chi] | ツ [tsu] | テ [te] | ト [to] |

| ダ [da] | ヂ [ji] | ヅ [zu] | デ [de] | ド [do] |

読んでみましょう ❹

| タッチ | チケット | ツアー | テスト | サイト |

| ガイド | チーズ | デート | カード | スーツ |

03 ホットコーヒーとチーズケーキ

| ナ [na] | ニ [ni] | ヌ [nu] | ネ [ne] | ノ [no] |

| ナイト | ニット | テニス | ネクタイ | ノック |
| カナダ | ノイズ | ノート | カヌー | ネット |

| ハ[ha] | ヒ[hi] | フ[fu] | ヘ[he] | ホ[ho] |

| バ[ba] | ビ[bi] | ブ[bu] | ベ[be] | ボ[bo] |

| パ[pa] | ピ[pi] | プ[pu] | ペ[pe] | ポ[po] |

読んでみましょう⑥

| ハート | コーヒー | ナイフ | ピアノ | ビジネス |
| ポスター | パスタ | ピザ | ホットドッグ | サポート |

| マ[ma] | ミ[mi] | ム[mu] | メ[me] | モ[mo] |

読んでみましょう ❼

| マウス | ミニマム | ムード | メモ | デジカメ |

| マスク | マイクロソフト | テーマパーク | メッセージ | ボードゲーム |

| ヤ[ya] | | ユ[yu] | | ヨ[yo] |

読んでみましょう ❽

| ユーモア | ヨガ | ニュース | ジュース | ニューヨーク |

| ラ[ra] | リ[ri] | ル[ru] | レ[re] | ロ[ro] |

読んでみましょう ⑨

| エスプレッソ | ロボット | アプリ | ビリヤード | コーラ |

| サービスエリア | トイレ | ブログ | リラックス | カレー |

| ワ[wa] | ヲ[o] | | ン[n] | |

読んでみましょう ⑩

| ワイン | インターネット | ダウンロード | コンビニ | ラーメン |

| シャンプー | ジャンプ | パソコン | ボールペン | ワイシャツ |

❷ 외래어 표기의 다양한 방법 🎧 35

▶ 외래어를 가타카나로 표기할 때는 'ャ·ュ·ョ' 이외에도 모음 'ア·イ·ウ·エ·オ'를 'ァ·ィ·ゥ·ェ·ォ'와 같이 작게 표기합니다. 'ャ·ュ·ョ'와 같이 앞의 글자와 함께 한 박으로 발음하면 됩니다. 또 순모음 'ウ'에 탁음을 붙여 표기하는 경우도 있습니다. 다음 단어를 읽어 보세요.

①ファイト (fight)	②ソファー (sofa)	③パーティー (party)	④ユーティリティー (utility)
⑤ディズニーランド (Disneyland)	⑥メディア (media)	⑦チェック (check)	⑧カフェ (cafe)
⑨ソフトウェア (software)	⑩ミネラルウォーター (mineral water)	⑪フォーク (fork)	⑫インタビュー (interview)

❸ 장음표시

▶ 히라가나 표기와는 달리 단어를 가타카나로 표기할 때는 장음표시를 'ー'와 같이 해 줍니다. 장음표시가 있는 곳에서만 장음으로 읽습니다. 다음 단어를 읽어 보세요.

①スカーフ (scarf)	②カレンダー (calender)	③グループ (group)	④ハンガー (hanger)
⑤ビール (beer)	⑥スーパー (super)	⑦デパート (department store)	⑧ステーキ (steak)
⑨プール (pool)	⑩コピー (copy)	⑪ゲーム (game)	⑫メッセージ (message)

書いてみましょう

▶ 자신의 이름을 한자와 가타카나로 써 봅시다.

漢字_____   カタカナ_____

❹ ケーキ一つ、お願いします。

> 1 チーズケーキ一つ、お願いします。
> 2 チーズケーキ一つでよろしいですか。
> 3 ハンバーガーとコーラのセット三つ、お願いします。

覚えましょう

幾つ			
一つ	ひとつ	六つ	むっつ
二つ	ふたつ	七つ	ななつ
三つ	みっつ	八つ	やっつ
四つ	よっつ	九つ	ここのつ
五つ	いつつ	十	とお

本文

山田さんとキムさんがカフェへ行きました。カタカナで書いてあるメニューをキムさんが読んでいます。
겐타 씨와 태호 씨가 카페에 갔습니다. 가타카나로 쓰여 있는 메뉴를 태호 씨가 읽고 있습니다.

🎧 36

店員	いらっしゃいませ。
山田健太	キャラメルバニラカプチーノ、お願いします。
キム・テホ	私はカフェラテとチーズケーキ、ください。
店員	キャラメルバニラカプチーノ一つと、カフェラテ一つと、チーズケーキ一つでよろしいですか。
山田健太	はい。
店員	はい、かしこまりました。少々お待ちください。

コーヒー	430
カフェラテ	460
カフェオレ	460
カフェモカ	470
キャラメルマキアート	470
チョコラテ	500
ウーロン茶	430
緑茶	430
アイスティー	430
グレープフルーツエード	460
レモネード	460
バナナジュース	480
イチゴジュース	480
プレーンヨーグルト	490
イチゴヨーグルト	500
ブルーベリーヨーグルト	

調べてみましょう

▶ 본문의 카페 메뉴 이외 가타카나로 된 간판, 메뉴 이름 등을 조사해 봅시다.

▶ **スマホ、コンビニ** 등, 축약된 가타카나 단어를 조사해 보고, 우리말의 외래어 축약 표현과 비교해 봅시다.

聞き取りと書き取り

🎧 37

1 다음 발음을 듣고 단어를 완성해 보세요.

① ケ_____キ　　　② サイ_____

③ スー_____　　　④ ア_____リ

⑤ _____アノ　　　⑥ _____ール

⑦ イ_____ターネット　⑧ _____クタイ

2 다음 발음을 듣고 단어를 받아 써 보세요.

① _____　② _____

③ _____　④ _____

⑤ _____　⑥ _____

⑦ _____　⑧ _____

3 다음을 듣고 대화 속에 등장하는 단어에 해당하는 그림을 골라 연결하세요.

　　　①　　　　　②　　　　　③

(a) 　(b) 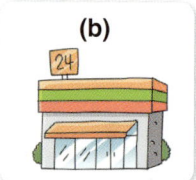　(c)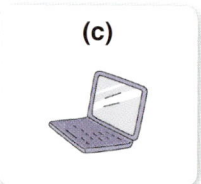

この場面 カタカナを読んでみましょう。
가타카나를 읽어 봅시다.

コーヒー	430
カフェラテ	460
カフェオレ	460
カフェモカ	470
キャラメルマキアート	470
チョコラテ	500
ウーロン茶	430
緑茶	430

アイスティー	430
グレープフルーツエード	460
レモネード	460
バナナジュース	480
イチゴジュース	480
プレーンヨーグルト	490
イチゴヨーグルト	500
ブルーベリーヨーグルト	500

03 ホットコーヒーとチーズケーキ

04

辛(から)いラーメンが好(す)きです。

이 과에서 배우게 될 것은요…

- 이 집 요리는 맛있어요.
- 라면은 간단한 요리입니다.
- 오늘은 바빠요.
- 그 빨간 가방은 야마다 씨의 것입니다.

❶ い形容詞 🎧 38

▶ 형용사란 사물의 상태·성질·심정 등을 나타내는 말입니다. 일본어에서는 형용사를 모양에 따라 「い형용사」와 「な형용사」의 2가지로 분류 합니다. い형용사는 어미가 いい인 형용사를 말합니다.

> おいしい　甘い　明るい　広い　赤い　大きい

❷ 韓国の料理はおいしい。⇨ 韓国の料理はおいしいです。

▶ 「い형용사」는 기본형이 보통체 술어가 되고, 「です」를 붙이면 정중체가 됩니다.

> 1 この店の料理はおいしい。⇨ この店の料理はおいしいです。
> 2 チョコレートは甘い。⇨ チョコレートは甘いです。
> 3 日本語の教室は広い。⇨ 日本語の教室は広いです。

❸ おいしい料理。

▶ 「い형용사」는 문말에 있을 때와 명사 앞에서 명사를 수식할 때 모양이 같습니다.

> 1 ここはランチがおいしいお店です。
> 2 おはようございます。いい天気ですね。　　— そうですね。
> 3 その赤いかばんは山田さんのです。

❹ 日本のラーメンは辛くないです。

▶ 「い형용사」의 부정형은 어미 'い'를 'く'로 바꾸고 'ない(정중체는 ないです)'를 붙인 모양입니다.

> 1 山田さんの学校は広いですか。　　— はい、広いです。
> 2 日本のラーメンは辛いですか。　　— いいえ、辛くないです。
> 3 山田さん、今日、忙しいですか。　　— いいえ、忙しくないです。暇です。
> 4 ねえ、これ、かわいい？　　— うん、かわいい。
> 5 日本語はどう？難しい？　　— ううん、難しくない。おもしろい。

練習してみましょう ❶

1 예와 같이 다음「い형용사」의 부정형을 써 보세요.

2 위「い형용사」를 이용하여 예와 같이 자유롭게 이야기해 보세요.

예
練習1. キムチはおいしいです。
練習2. 日本のキムチは辛いですか。―いいえ、日本のキムチは辛くないです。

❺ な形容詞

▶ な형용사는 어미가 だ인 형용사를 말합니다. 어미를 제외한 어간은 명사입니다.

> 便利だ　　きれいだ　　静かだ
> 有名だ　　にぎやかだ　　立派だ

❻ 伊藤さんは元気だ。 ⇨ 伊藤さんは元気です。

▶ 「な형용사」는 기본형이 보통체 술어가 되고, 어미 「だ」 대신 「です」를 붙이면 정중체가 됩니다.

> 1 伊東さんはいつも元気だ。 ⇨ 伊東さんはいつも元気です。
> 2 夜は、チョコレートはだめだ。 ⇨ 夜は、チョコレートはだめです。
> 3 日本語の教室はきれいだ。 ⇨ 日本語の教室はきれいです。

❼ 元気な人

▶ 「な형용사」는 명사를 수식할 때 어미의 모양이 「な」로 바뀝니다.

> 1 伊東さんは元気な人です。
> 2 ラーメンは簡単な料理です。
> 3 新鮮な野菜はおいしいです。

❽ 私の部屋はきれいではありません。

▶「な형용사」를 부정할 때는 어미「だ」를「では」로 바꾼 후「ありません」을 붙입니다.

> 1 山田さんの学校は静かですか。
> ― はい、静かです。
> 2 キムさんの部屋はきれいですか。
> ― いいえ、きれいではありません。
> 3 山田さん、おすしの作り方は簡単ですか。
> ― いいえ、簡単ではありません。
> 4 ねえ、彼女、元気？
> ― うん、元気。
> 5 新しい彼氏はどう？ハンサム？
> ― ううん、あまりハンサムではない。でも優しい。

❾ 私は辛いラーメンが好きです。

> 1 伊東さん、好きな果物は何ですか。
> ― 私はりんごが好きです。
> 2 私は虫が嫌いです。
> 3 水泳、上手ですか。
> ― いいえ、好きですが、下手です。

설명과 연습

練習してみましょう ②

1 예와 같이 다음 「な형용사」의 부정형을 써 보세요.

例 便利だ → 便利ではありません。

きれいだ →

有名だ →

にぎやかだ →

立派だ →

元気だ →

だめだ →

好きだ →

嫌いだ →

上手だ →

簡単だ →

下手だ →

2 위 「な형용사」를 이용하여 예와 같이 자유롭게 이야기해 보세요.

例
練習1. エスカレーターは便利です。
練習2. あなたの部屋はきれいですか。―いいえ、あまりきれいではありません。

まとめてみましょう

형용사의 활용 1 (비과거형)

	い형용사		な형용사	
	긍정	부정	긍정	부정
보통체	おいしい	おいしくない	好^すきだ	好^すきではない
정중체	おいしいです	おいしくないです おいしくありません	好^すきです	好^すきではないです 好^すきではありません

04 辛いラーメンが好きです。

山田さんがキムさんを連れておもしろいラーメン屋に行きました。
겐타 씨가 태호 씨를 데리고 재미있는 라면집에 갔습니다.

🎧 40

| キム・テホ | へえ、ここは図書館ですか、ラーメン屋ですか。 |

| 山田健太 | ハッハッハ。図書館ではありません。 |

ラーメン屋です。

| キム・テホ | おもしろい店ですね。 |

| 山田健太 | おいしいですよ。 |

ほら、ここにチェック。

| キム・テホ | はい。うす味、青ねぎ、チャーシュー……。 |

これでオッケーですか。便利ですね。

ここには辛いラーメンもありますか。

| 山田健太 | ありますよ。キムさんは辛いラーメンが好きですか。 |

| キム・テホ | はい。大好きです。 |

調<small>しら</small>べてみましょう

▶ 본문의 라면집 메뉴 이외 가타카나로된 간판, 메뉴 이름 등을 조사해 봅시다.

  豚骨<small>とんこつ</small>ラーメン　　　　　塩<small>しお</small>ラーメン
  醤油<small>しょうゆ</small>ラーメン　　　　　味噌<small>みそ</small>ラーメン

▶ どんぶり、お好<small>この</small>み焼<small>や</small>き、たこ焼<small>や</small>き、すし、おでん 等, 관심 있는 일본의 음식에 대해 조사해 봅시다.

04 辛いラーメンが好きです。

聞き取りと書き取り

🎧 41

1 다음 설명을 듣고 알맞은 그림을 찾아 체크하세요.

2 다음 대화를 듣고 해당하는 그림에 체크하세요.

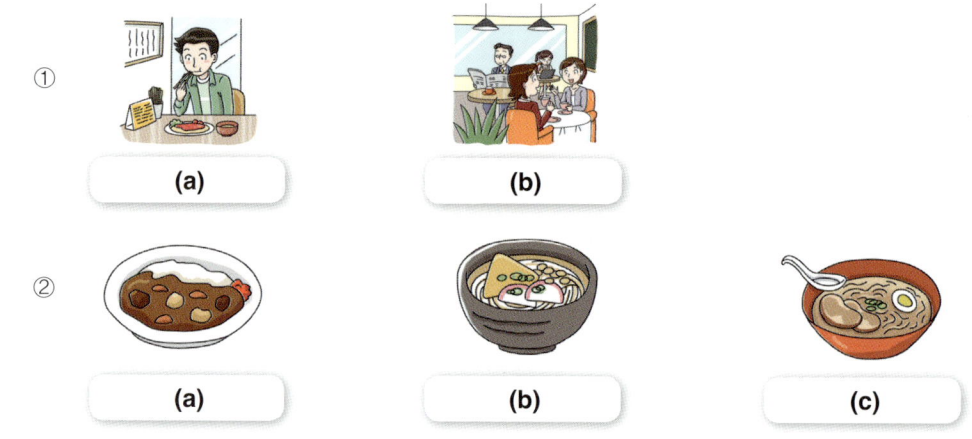

3 다음 질문을 듣고 부정형으로 답해 보세요.

① いいえ、_____。日本人です。

② いいえ、_____。狭いです。

③ いいえ、_____。鈴木さんはいつも忙しいです。

④ いいえ、_____。

この場面 一人でも入りやすいラーメン屋
혼자서도 들어가기 맘 편한 라면집

출처: fliker_skas0203

출처: fliker_yto

출처: fliker_ladyous

출처: photoAC

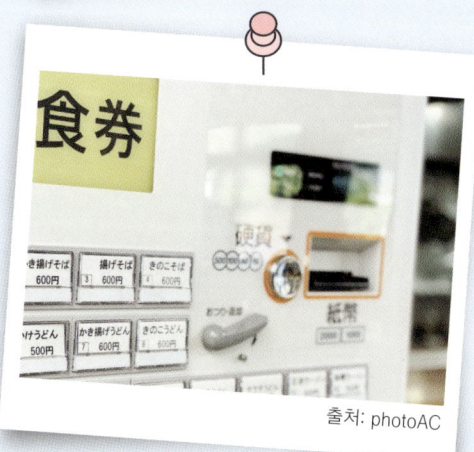
출처: photoAC

출처: fliker_21865565@N07

04 辛いラーメンが好きです。

05

神保町で伊東さんに会う。
じんぼうちょう　　　いとう
あ

이 과에서 배우게
될 것은요…

- 아침 6시에 일어난다.
- 친구와 카페에서 이야기를 한다.
- 도서관에서 공부를 한다.
- 식당은 밥을 먹는 곳입니다.

❶ 動詞とは 🎧 42

▶ 동사란 움직임이나 동작을 나타내는 뜻을 가진 단어를 말합니다. 일본어의 동사는 어미가 'ウ' 모음의 글자(う・く・ぐ・す・つ・ぬ・ぶ・む・る)입니다.

> 習う　行く　泳ぐ　話す　待つ
> 死ぬ　遊ぶ　読む　食べる

❷ 助詞「を」

▶ 동작이나 작용의 목적, 대상을 나타냅니다. 우리말로 '~을/를'이라 해석하면 대체로 적당합니다.

> 1 本を読む。
> 2 日本語を習う。
> 3 地下鉄を待つ。
> 4 ごはんを食べる。
> 5 メールを書く。

❸ 助詞「に」

▶ 이동의 도착점, 시각을 나타냅니다. 우리말로 '~에'로 해석하면 대체로 적당하지만 어울리지 않는 경우도 있으므로 주의가 필요합니다.

> 1 部屋に入る。
> 2 いすに座る。
> 3 6時に起きる。
> 4 友だちに会う。
> 5 バスに乗る。

覚えましょう

何時 (なんじ)			
1時	いちじ	7時	しちじ
2時	にじ	8時	はちじ
3時	さんじ	9時	くじ
4時	よじ	10時	じゅうじ
5時	ごじ	11時	じゅういちじ
6時	ろくじ	12時	じゅうにじ

何分 (なんぷん)			
1分	いっぷん	7分	ななふん
2分	にふん	8分	はっぷん(はちふん)
3分	さんぷん	9分	きゅうふん
4分	よんぷん	10分	じゅっぷん(じっぷん)
5分	ごふん	20分	にじゅっぷん(にじっぷん)
6分	ろっぷん	30分	さんじゅっぷん(さんじっぷん)

④ 助詞「へ」 🎧 43

▶ 동작이 향하는 방향, 장소, 상대방을 나타냅니다. 우리말로 '～에, ～로, ～를 향해' 등으로 해석합니다.

> 1 会社へ行く。
> 2 学校へ来る。
> 3 家へ帰る。

⑤ 助詞「で」

▶ 동작이나 작용의 장소를 나타냅니다. '～에서'라고 해석하면 대체로 적당합니다.

> 1 プールで泳ぐ。
> 2 図書館で勉強をする。
> 3 学食でごはんを食べる。
> 4 地下鉄の駅で地下鉄を待つ。
> 5 カフェで友だちと話す。

❻ ごはんを食べる所

▶ 동사가 명사를 수식하는 경우입니다. い형용사와 마찬가지로 문말에 있을 때와 명사 앞에서 명사를 수식할 때 모양이 같습니다.

> 1 食堂はごはんを食べる所です。
> 2 会社は仕事をする所です。
> 3 図書館は本を読む所です。
> 4 明日、一緒に行く人は誰ですか。

❼ つくえがある。

▶ 우리말의 '있다'에 해당하는 일본어에는 「いる」, 「ある」가 있습니다. 자기 의지로 움직일 수 있는 동물이나 사람은 「いる」, 식물이나 물건 등은 「ある」를 사용합니다.

> 1 教室につくえがある。
> 2 食堂は学生会館にある。
> 3 友だちは教室にいる。
> 4 好きな人がいる。

❽ 何月何日ですか。 🎧44

1. 今日は5月1日です。
2. 今月は何月ですか。
   ― 9月です。
3. 今日は何日ですか
   ― 12日です。

覚えましょう

1月	2月	3月	4月	5月	6月
いちがつ	にがつ	さんがつ	しがつ	ごがつ	ろくがつ
7月	8月	9月	10月	11月	12月
しちがつ	はちがつ	くがつ	じゅうがつ	じゅういちがつ	じゅうにがつ

覚えましょう

1日	2日	3日	4日	5日	6日	7日
ついたち	ふつか	みっか	よっか	いつか	むいか	なのか
8日	9日	10日	11日	12日	13日	14日
ようか	ここのか	とおか	じゅういちにち	じゅうににち	じゅうさんにち	じゅうよっか
15日	16日	17日	18日	19日	20日	21日
じゅうごにち	じゅうろくにち	じゅうしちにち	じゅうはちにち	じゅうくにち	はつか	にじゅういちにち
22日	23日	24日	25日	26日	27日	28日
にじゅうににち	にじゅうさんにち	にじゅうよっか	にじゅうごにち	にじゅうろくにち	にじゅうしちにち	にじゅうはちにち
29日	30日	31日				
にじゅうくにち	さんじゅうにち	さんじゅういちにち				

練習してみましょう ❶

▶ 다음 어휘를 사용하여 내일의 하루 일정을 말해 보세요.

朝、起きる	 ごはんを食べる	 歯を磨く	 着替える
 バスに乗る	会社へ行く	 コーヒーを飲む	 駅まで歩く
 地下鉄を待つ	 歌を歌う	 友だちに会う	 子犬と遊ぶ
 映画を見る	 音楽を聞く	 先生と話す	 友だちが家へ来る

手を洗う

図書館で勉強をする

プールで泳ぐ

メールを書く

写真を撮る

本を買う

家へ帰る

お風呂に入る

日本語を習う

たばこを吸う

新聞を読む

寝る

授業が始まる

仕事が終わる

学生がいる

かばんがある

キムさんが明日のスケジュールをメモしました。キムさんは明日、どこで誰に会う予定でしょうか。
태호 씨가 내일 스케줄을 메모했습니다. 태호 씨는 내일 어디에서 누구를 만날 예정일까요?

🎧 46

明日の計画(11月5日)

1．12：00、簡単な昼ごはんを食べる。

2．12：30、家を出る。

3．12：50、地下鉄に乗る。

4．　1：30、神保町駅で伊東さんに会う。

　　　　　　それから古本屋で本を買う。(必要な本：日本の小説)

5．　4：00、三省堂書店で山田さんと待ち合わせ。

東京の地下鉄路線図

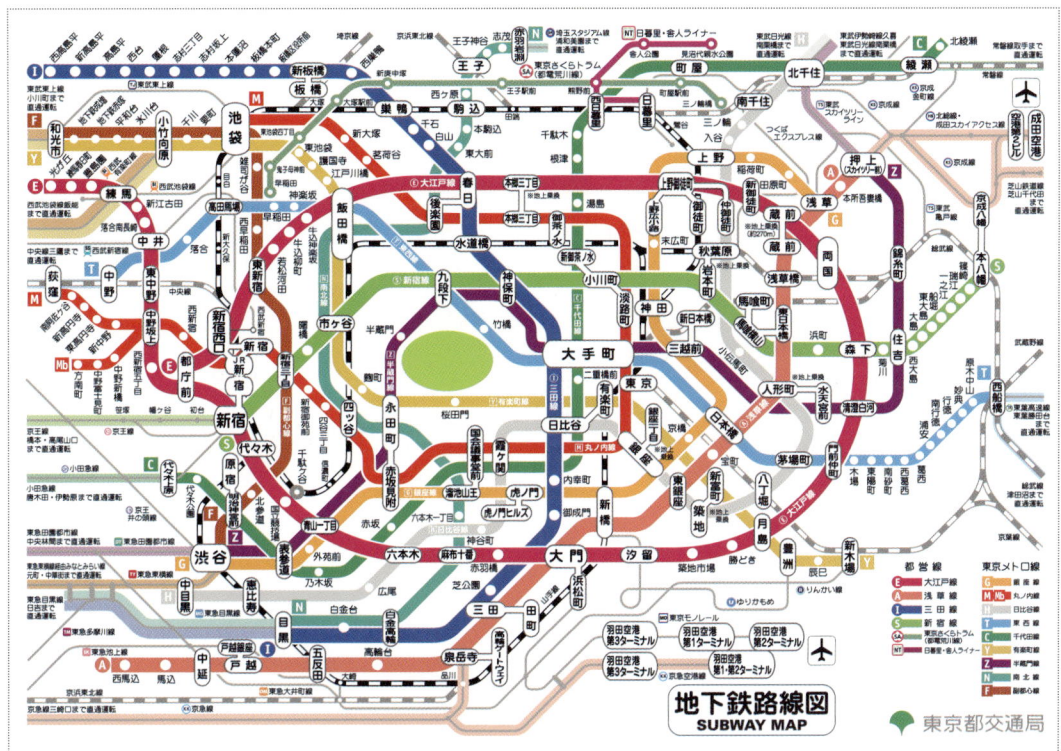

출처 東京都交通局(도쿄도 교통국)

調べてみましょう

▶ 자신이 가 보고 싶은 일본의 여행지를 찾아 교통편에 대해 조사해 봅시다.

聞き取りと書き取り

🎧 47

1 다음을 듣고 그림과 연결시켜 보세요.

① ② ③ ④

(a)　　(b)　　(c)　　(d)

2 다음을 듣고 그림을 순서대로 나열해 보세요.

① ② ③ ④

〈 순서 : ＿＿ → ＿＿ → ＿＿ → ＿＿ 〉

3 다음을 듣고 알맞은 히라가나를 넣으세요.

① 学食＿＿＿＿＿ごはんを食べる。

② 会社＿＿＿＿＿行く。

③ 部屋＿＿＿＿＿入る。

④ コーヒー＿＿＿＿＿飲む。

⑤ 友だち＿＿＿＿＿会う。

 **この場面** 本の町ー神田神保町 책의 거리- 간다 진보초

05 神保町で伊東さんに会う。

06

ポスターには ミッションが ありました。

이 과에서 배우게 될 것은요…

점심밥은 학교에서 친구와 먹습니다.

일요일에는 아무도 만나지 않습니다.

어제는 집에 있었습니다.

❶ 動詞の分類 🎧 48

▶ 동사는 모양에 따라 3가지로 분류합니다. 다음 설명에 따라 각 동사의 모양을 비교해 보세요.

1) 上一段、下一段活用動詞 (상1단, 하1단 활용동사)

① 上一段活用動詞 (상1단 활용동사)

「る」로 끝나는 동사 중에서 「る」앞의 글자가 상1단(イ段)인 동사를 말합니다. 상1단에서만 활용이 일어나며, 하1단 동사와 함께 **2그룹 동사**라고도 합니다.

> 起きる(일어나다)　見る(보다)　落ちる(떨어지다)　降りる(내리다)

② 下一段活用動詞 (하1단 활용동사)

「る」로 끝나는 동사 중에서 「る」앞의 글자가 하1단(エ段)인 동사를 말합니다. 하1단에서만 활용이 일어나며 상1단 동사와 함께 **2그룹 동사**라고도 합니다.

> 食べる(먹다)　寝る(자다)　掛ける(걸다)　遅れる(늦다)

2) 五段活用動詞 (5단 활용동사)

▶ 상1・하1단 활용동사와 변격 활용동사를 제외한 모든 동사를 말합니다. 5단에 걸쳐 활용이 일어나며 **1그룹 동사**라고도 합니다.

> 会う(만나다)　行く(가다)　泳ぐ(수영하다)　話す(얘기하다)
> 待つ(기다리다)　死ぬ(죽다)　遊ぶ(놀다)　飲む(마시다)
> 上がる(오르다)　売る(팔다)　怒る(화내다)

3) 変格活用動詞 (변격 활용동사)

▶ 두 개의 동사가 있습니다. 불규칙한 활용을 하며 **3그룹 동사**라고도 합니다.

> 来る(오다)　　する(하다)

練習してみましょう ❶

▶ 다음 동사를 예와 같이 분류해 보세요.

예 起きる 상1단	話す	磨く	する	乗る	行く
会う	泳ぐ	待つ	歌う	飲む	遊ぶ
見る	聞く	帰る	来る	洗う	歩く
書く	着替える	買う	入る	寝る	吸う
読む	座る	習う	掛ける	食べる	撮る

❷ 動詞のます形 (동사의 ます형)

▶ 동사를 정중형으로 만들 때 「ます」를 붙입니다. 다음 설명에 따라 「ます」를 붙여 보세요.

1 上一段、下一段活用動詞 : 어미 る를 떼어내고 ます를 붙입니다.

起きる → 起きます　　見る → _____　　落ちる → _____　　降りる → _____

食べる → _____　　寝る → _____　　掛ける → _____　　遅れる → _____

2 五段活用動詞 : ウ모음의 어미를 イ모음의 글자로 바꾼 후 ます를 붙입니다.

会う → 会います　　行く → _____　　泳ぐ → _____　　話す → _____

待つ → _____　　死ぬ → _____　　遊ぶ → _____　　飲む → _____

上がる → _____　　売る → _____　　怒る → _____

3 変格活用動詞 : 활용된 모양을 외웁니다.

来る → 来ます　　　　する → します

06 ポスターにはミッションがありました。

説明と練習

練習してみましょう ❷

▶ 예와 같이 다음 동사에 「ます」를 붙여 보세요.

예 起きる	食べる	磨く	する	乗る
→ 起きます				
会う	泳ぐ	待つ	歌う	飲む
見る	聞く	帰る	来る	洗う
書く	着替える	買う	入る	寝る
読む	座る	習う	掛ける	起きる
行く	遊ぶ	歩く	吸う	撮る

❸ 昼ごはんを食べます。 🎧49

▶ 지난 과에서 배운 동사의 기본형과 이번 과에서 배우는 ます형은 비과거형(非過去形)을 나타내는 표현입니다.

1. 毎朝、6時に起きます。
2. 昼ごはんは学校で友だちと食べます。
3. 金曜日は一日中授業があります。
4. 明日は学校で日本語の授業を受けます。
5. 来週は中間テストがあります。

覚えましょう

曜日						
日	月	火	水	木	金	土

日					週				
一昨日	昨日	今日	明日	明後日	先々週	先週	今週	来週	再来週

月					年				
先先月	先月	今月	来月	再来月	一昨年	去年 (昨年)	今年	来年	再来週

❹ たばこを吸いますか。 🎧 50

▶ 정중체인「ます」의 부정형은「ません」입니다. 다음 대화를 통해 확인해 봅시다.

> 1 たばこを吸いますか。 ― はい、吸います。
> ― いいえ、吸いません。
> 2 朝は何を食べますか。 ― 普通、パンを食べます。
> ― 私は朝ごはんは食べません。

❺ お昼は何を食べましたか。

▶ 정중체 과거형은「ました」, 정중체 과거부정형은「ませんでした」입니다. 예문을 통해 익혀봅시다.

> 1 お昼は何を食べましたか。 ― ハンバーガーを食べました。
> ― 何も食べませんでした。
> 2 昨日は何をしましたか。 ― 公園で子犬と遊びました。
> ― 家にいました。学校に来ませんでした。
> 3 週末は何をしましたか。 ― 買い物に行きました。
> ― 何もしませんでした。ゆっくり休みました。

❻ 3人家族です。

① ご家族は何人ですか。
② 父と母の3人家族です。
③ 弟が一人います。

覚えましょう

가족의 호칭		
	(自分の)家族	(相手の)ご家族
아버지	ちち（父）	おとうさん（お父さん）
어머니	はは（母）	おかあさん（お母さん）
언니・누나	あね（姉）	おねえさん（お姉さん）
오빠・형	あに（兄）	おにいさん（お兄さん）
여동생	いもうと（妹）	いもうとさん（妹さん）
남동생	おとうと（弟）	おとうとさん（弟さん）

人数					
ひとり 1人	ふたり 2人	さんにん 3人	よにん 4人	ごにん 5人	ろくにん 6人
なな(しち)にん 7人	はちにん 8人	きゅうにん 9人	じゅうにん 10人	にじゅうにん 20人	なんにん 何人

06 ポスターにはミッションがありました。

週末の話1
伊東さんとキムさんが土曜日に買い物に行った話をしています。
미사키 씨와 태호 씨가 토요일에 쇼핑하러 간 이야기를 하고 있습니다.

🎧 51

伊東美咲 キムさん、土曜日は何をしましたか。

キム・テホ 秋葉原へ買い物に行きました。

伊東美咲 秋葉原ですか。何を買いましたか。

キム・テホ ガンダムプラモデルを買いました。

弟の誕生日が来週です。

伊東美咲 弟さんですか。

キム・テホ はい、プラモデルが大好きな子です。

伊東さんも兄弟がいますか。

伊東美咲	いいえ、父と母の３人家族です。私は１人っ子ですから、兄弟がいる人がうらやましいです。
キム・テホ	私は１人っ子がうらやましいです。一緒に遊ぶときはいいですが、けんかするときはいやです。

話し合ってみましょう

▶ 자신이나 가족이 좋아하는 일본 문화에 대해 이야기해 봅시다.

▶ 자신의 가족을 간단히 소개해 봅시다.

聞き取りと書き取り

🎧 52

1 다음을 듣고 그림과 연결시켜 보세요.

① 　　② 　　③ 　　④

(a)　　　　(b)　　　　(c)　　　　(d)

2 다음 대화를 듣고 태호 씨가 이제 한 일에 ○표, 하지 않은 일에 ×표 하세요.

① 　② 　③

　(　)　　　(　)　　　(　)

3 다음을 듣고 동사를 ます형으로 고쳐 보세요.

① 朝、7時に＿＿＿＿＿＿＿＿

② バスに＿＿＿＿＿＿＿＿

③ 友だちが家へ＿＿＿＿＿＿＿＿

④ プールで＿＿＿＿＿＿＿＿

⑤ 図書館で本を＿＿＿＿＿＿＿＿

 この場面　秋葉原の風景　아키하바라의 풍경

07

いい経験(けいけん)でした。

이 과에서 배우게 될 것은요…

교통은 편리했습니다.

즐거운 하루였습니다.

회전초밥은 비쌌습니다.

오전에는 추웠는데, 오후에는 별로 춥지 않았어요.

❶ 楽しかったです。／ 楽しくなかったです。

▶「い形容詞」의 과거형, 과거 부정형의 정중체를 연습합니다. 과거형은 어간(어미 い를 제외한 부분)에「かったです」를 접속합니다. 과거 부정형은 어간에「くなかったです」를 접속합니다.

1 昨日はとても楽しかったです。
2 入場料は安かったです。
3 鈴木さんと一緒にお寿司を食べました。安くなかったです。
4 東京は昨日あまり寒くなかったです。

❷ 暇でした。／ 暇ではありませんでした。

▶「な形容詞」의 과거형, 과거 부정형의 정중체를 연습합니다. 과거형은 어간(어미 だ를 제외한 부분)에「でした」를 접속합니다. 과거 부정형은 어간에「では(じゃ)ありませんでした」를 접속합니다.

1 作品はとても立派でした。
2 地下鉄に乗りました。交通は便利でした。
3 アニメ、好きですか。
　— 昔は好きでしたが、今は好きではありません。
4 昨日は暇でしたか。
　— はい、暇でした。／ いいえ、暇ではありませんでした。

❸ 静かな所でした。 ／ 静かな所ではありませんでした。

▶ 「명사」의 과거형, 과거 부정형의 정중체를 연습합니다. 과거형은 명사에 「でした」를 접속합니다. 과거 부정형은 명사에 「では(じゃ)ありませんでした」를 접속합니다.

1. 美術館は静かな所でした。
2. 友だちと美術館へ行きました。楽しい一日でした。
3. 彼女は明るい人ですが、昨日はそうではありませんでした。
4. スンウさんの友だちに会いました。とてもおもしろい人でした。

❹ 入場料は安かったですが、記念品が高かったです。

1. 回転寿司を食べましたが、あまり新鮮ではありませんでした。
2. 午前は寒かったですが、午後はあまり寒くなかったです。
3. 日本語は難しいですが、とてもおもしろいです。
4. 浮世絵は江戸時代には安かったですが、今は高いです。

まとめてみましょう

형용사의 활용 2 (과거형)

	い형용사		な형용사	
	긍정	부정	긍정	부정
보통체	おいしかった	おいしくなかった	好きだった	好きではなかった
정중체	おいしかったです	おいしくなかったです おいしくありませんでした	好きでした	好きではなかったです 好きではありませんでした

練習してみましょう ❶

1 예와 같이 다음「い형용사」의 과거형을 써 보세요.

예
楽しい
→ 楽しかったです
→ 楽しくなかったです

高い
→
→

安い
→
→

古い
→
→

新しい
→
→

熱い
→
→

冷たい
→
→

2 위 「い형용사」를 이용하여 예와 같이 자유롭게 이야기해 보세요.

예
練習1. A：かばんを買いました。
　　　　B：高かったですか。
　　　　A：あまり高くなかったです。

説明と練習

練習してみましょう ❷

1 예와 같이 다음「な형용사」의 과거형을 써 보세요.

예

まじめだ

→ まじめでした。
→ まじめではありませんでした。

大事だ

→
→

苦手だ

→
→

静かだ

→
→

親切だ

→
→

大変だ

→
→

2 위 「な형용사」를 이용하여 예와 같이 자유롭게 이야기해 보세요.

예
練習1. A ：それは簡単でしたか。
B1：はい、簡単でした。
B2：いいえ、あまり簡単ではありませんでした。

週末の話2
伊東さんとキムさんが週末の話をしています。キムさんは日曜日は何をしたでしょうか。
미사키 씨와 태호 씨가 주말 이야기를 하고 있습니다. 태호 씨는 일요일에 무엇을 했을까요?

🎧 54

伊東美咲	キムさん、日曜日も何かおもしろいことがありましたか。
キム・テホ	日曜日ですか。浮世絵美術館へ行きました。
伊東美咲	「浮世絵」ですか。
キム・テホ	はい。有名な作品がたくさんありました。
伊東美咲	あ、そうですか。
キム・テホ	はい、それにとても楽しかったです。いい経験でした。
伊東美咲	入場料はどうでしたか。高かったですか。
キム・テホ	入場料は安かったですが、記念品が高かったです。

話し合ってみましょう

▶ 우키요에(浮世絵) 작품을 감상해 봅시다.

▶ 자신이 좋아하는 미술작품에 대해 이야기해 봅시다.

聞き取りと書き取り

🎧 55

1 다음 대화를 듣고 해당하는 그림에 체크하세요.

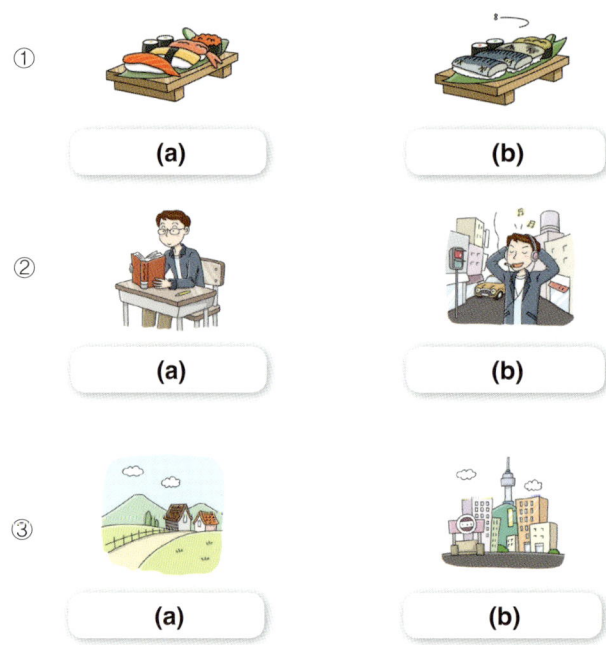

2 다음 문장을 듣고, 과거형으로 고치세요.

① 今日は_____

② このビルは_____

③ このビルは_____

④ ホラー映画は_____

⑤ 彼は_____

⑥ ケータイは_____

この場面　これが「浮世絵」

08

地下鉄に乗って学校へ行きます。
ちかてつ の がっこう い

이 과에서 배우게 될 것은요…

- 지하철을 한 번 갈아타고 학교에 갑니다.
- 학교에 도착해서 커피를 마시고 수업에 들어갑니다.
- 여기에 가방을 놓아도 될까요?
- 이곳에서 담배를 피워서는 안 됩니다.

❶ 地下鉄に乗って学校へ行きます。 🎧56

▶ 동사의 て形입니다. 두 개 이상의 절(節)을 이어 복문(複文)을 만듭니다.
　우리말로 '～(하)고, ～(해)서'라고 해석하면 적당합니다.

> 1 地下鉄を一回乗り換えて学校へ行きます。
> 2 歯を磨いて、着替えます。
> 3 平日は学校へ行って、週末は家で休みます。
> 4 友だちに会って夜遅く帰りました。

❷ 待ってください。

▶ 부드러운 명령, 부탁이나 권유를 할 때 쓰는 표현입니다. '～(해) 주세요'의 의미입니다.

> 1 何でも聞いてください。
> 2 明日は9時に来てください。
> 3 上野駅で一回乗り換えてください。
> 4 あそこは地下鉄がないから、バスに乗ってください。

❸ 質問をしてもいいですか。

> 1 今、質問をしてもいいですか。
> 2 ここに座ってもいいですか。
> 3 この水を飲んでもいいですか。
> 4 ここにかばんを置いてもいいですか。

❹ 書いてはいけません。

> 1 ここに名前を書いてはいけません。
> 2 図書館でお菓子を食べてはいけません。
> 3 ここでたばこを吸ってはいけません。
> 4 この水は飲んではいけません。

覚えましょう

	回(かい)	杯(はい)	本(ほん)	冊(さつ)
一(いち)	いっかい	いっぱい	いっぽん	いっさつ
二(に)	にかい	にはい	にほん	にさつ
三(さん)	さんがい	さんばい	さんぼん	さんさつ
四(よん)	よんかい	よんはい	よんほん	よんさつ
五(ご)	ごかい	ごはい	ごほん	ごさつ
六(ろく)	ろっかい	ろっぱい(ろくはい)	ろっぽん	ろくさつ
七(なな、しち)	ななかい	ななはい(しちはい)	ななほん(しちほん)	ななさつ
八(はち)	はちかい(はっかい)	はっぱい(はちはい)	はちほん(はっぽん)	はっさつ(はちさつ)
九(きゅう)	きゅうかい	きゅうはい	きゅうほん	きゅうさつ
十(じゅう)	じゅっかい(じっかい)	じゅっぱい(じっぱい)	じゅっぽん(じっぽん)	じゅっさつ(じっさつ)
何(なん)	なんかい	なんばい	なんぼん	なんさつ

❺ 動詞の語尾

▶ 접속조사「て」의 접속방법을 익히기 위하여 동사의 어미를 살펴봅시다.

ア段	イ段	ウ段	エ段	オ段	動詞の語尾
あ	い	う	え	お	会う
か	き	く・ぐ	け	こ	聞く・泳ぐ
さ	し	す	せ	そ	話す
た	ち	つ	て	と	待つ
な	に	ぬ	ね	の	死ぬ
は	ひ	ぶ	へ	ほ	遊ぶ
ま	み	む	め	も	飲む
や				よ	
ら	り	る	れ	ろ	乗る
わ			を	ん	

　　　　　上一段　　語尾の段　　下一段

❻ 動詞のて形

▶ 설명을 듣고 동사에 「て」를 붙여 봅시다.

1) 上一段・下一段活用動詞 (2그룹 동사)

起きる→起きて　見る→_____　落ちる→_____　降りる→_____

食べる→_____　寝る→_____　掛ける→_____　遅れる→_____

2) 五段活用動詞 (1그룹 동사)

1 う・つ・る ⇒ って

会う→会って　乗る→_____　待つ→_____　吸う→_____

持つ→_____　上がる→_____　使う→_____　売る→_____

歌う→_____　帰る→_____　知る→_____　入る→_____

2 ぬ・ぶ・む ⇒ んで

読む→読んで　遊ぶ→_____　飲む→_____　死ぬ→_____

呼ぶ→_____　踏む→_____　結ぶ→_____　休む→_____

3 く・ぐ ⇒ いて・いで

聞く→聞いて　泳ぐ→_____　磨く→_____　急ぐ→_____

開く→_____　書く→_____　省く→_____

(注意) 行く→ 行って

4 す ⇒ して

話す→話して　返す→_____　渡す→_____　貸す→_____

3) 変格活用動詞 (3그룹 동사)

来る→ 来て　　する→ して

114

練習してみましょう ❶

▶ 예와 같이 다음 동사에 「て」를 붙여 봅시다.

예 起きる	食べる	磨く	する
→ 起きて			
乗り換える	置く	会う	泳ぐ
始まる	歌う	着替える	着く
浴びる	聞く	帰る	来る
洗う	歩く	書く	いる
かかる	入る	寝る	吸う
読む	座る	習う	掛ける
ある	撮る	載せる	呼ぶ
終わる	出る	休む	渡す

08 地下鉄に乗って学校へ行きます。

本文

伊東さんが吉川さんという友だちを連れてきました。吉川さんは韓国に興味があってキム・テホさんに聞いてみたいことがあるそうです。

미사키 씨가 모에라는 친구를 데리고 왔습니다. 모에 씨는 한국에 흥미가 있어서 김태호 씨에게 물어보고 싶은 것이 있다고 합니다.

🎧 58

吉川萌	韓国の大学生の生活に興味があって、ちょっと質問してもいいですか。
キム・テホ	はい、何でも聞いてください。
吉川萌	キムさんは韓国で普通、どんな一日を過ごしますか。
キム・テホ	私の場合は、朝6時ごろ起きて、シャワーを浴びて、朝ごはんを食べます。ごはんの後、歯を磨いて、着替えて、家を出ます。地下鉄を一回乗り換えて学校へ行きます。
吉川萌	学校までどのくらいかかりますか。
キム・テホ	だいたい一時間ぐらいです。学校に着いて、コーヒーを一杯飲んで、授業を受けます。

吉川萌	日本とあまり変わりありませんね。
キム・テホ	生活はそうですが、違うところもありますよ。
	例えば韓国では新学期が3月に始まります。
吉川萌	そうですか。

話し合ってみましょう

▶ センター試験과 학기 구성 등 일본의 교육제도에 대하여 조사해 봅시다.

▶ 동사의 「て形」를 이용하여 자신의 하루 일과를 일본어로 발표해 봅시다.

聞き取りと書き取り

🎧 59

1 다음을 듣고 그림을 순서대로 나열해 보세요.

〈순서 :　　　→　　　→　　　→　　　〉

2 다음 문장을 듣고 빈칸을 채워 보세요.

① バスに＿＿＿＿＿学校へ行きます。

② 友だちを＿＿＿＿＿一緒にごはんを食べます。

③ 子犬と＿＿＿＿＿家で休みます。

④ 朝、＿＿＿＿＿ジョギングをします。

⑤ 図書館へ＿＿＿＿＿勉強をします。

3 다음 문장을 듣고 동사를 「て형」으로 고쳐 보세요.

① テレビを＿＿＿＿＿＿＿＿＿

② たばこを＿＿＿＿＿＿＿＿＿

③ 公園を＿＿＿＿＿＿＿＿＿

④ 家を＿＿＿＿＿＿＿＿＿

⑤ 歌を＿＿＿＿＿＿＿＿＿

⑥ 名前を＿＿＿＿＿＿＿＿＿

この場面　日本の大学　일본 대학

名古屋大学

東京大学

愛知学泉大学

静岡大学

愛知学泉大学

名古屋大学

08 地下鉄に乗って学校へ行きます。

09

劇場（げきじょう）の中（なか）でお弁当（べんとう）を食（た）べています。

이 과에서 배우게 될 것은요...

- 먹고 싶은 것 있어요?
- 저는 유부초밥으로 할게요.
- 손을 들고 있는 사람은 다카사키 씨입니다.

❶ お弁当を食べています。 🎧 60

▶ 동작의 진행을 나타내는 표현입니다. 「～ている」는 '동작의 진행'이나 '동작의 결과(의 진행)'를 나타내는 문형입니다. 그러나 같은 표현이라도 장면에 따라 '동작의 진행'을 나타낼 수도 있고, '동작의 결과'를 나타낼 수도 있으므로 주의가 필요합니다.

> 1 お弁当を食べている人が多いですね。
> 2 松本さんは電話をしています。
> 3 山田さんはロビーでコーヒーを飲んでいます。
> 4 今日、一日中勉強しています。

❷ いすに座っています。

▶ 동작의 결과를 나타내는 표현입니다.

> 1 伊藤さんはいすに座っている人です。
> 2 キムさんはめがねをかけています。
> 3 パクさんは手を上げています。
> 4 Tシャツを着ている人がキムさんです。

練習してみましょう ❶

▶ 다음 동사를 이용하여 ❶, ❷와 같이 연습해 봅시다.

＜動作の進行 : 동작의 진행＞

＜動作の結果の進行 : 동작의 결과＞

❸ 食べたいものがありますか。 🎧 61

1 お腹が空きました。おいしいごはんが食べたいです。
2 私は北海道へ行きたいです。
3 今日はゆっくり休みたいです。
4 日本へ行って、どこに泊りたいですか。 ― 民宿か旅館に泊りたいです。

❹ 私はちらしずしにします。

1 キムさんは何にしますか。
  ― チーズバーガーとポテトセットにします。
2 大羽さんの誕生日のプレゼント、どれにしますか。
  ― このペンケースはどうですか。
3 この本の返却は来週にしてもいいですか。
  ― すみません。今待っている人がいますから、今週の金曜日までにお願いします。
4 今日は皆忙しいですから、飲み会は明日にしましょうか。
  ― その方がいいと思います。

❺ いくらですか。

1 入場料はいくらですか。 ― 1,800円です。
2 牛丼は460円です。
3 A: これ、いくらですか。
  B: 16,000円です。
  A: そうですか。じゃあ、いいです。

練習してみましょう ❷

▶ 메뉴를 보고 ❸의「〜たいです」나 ❹의「〜にします」문형을 사용하여 먹고 싶은 것을 골라 말해 보세요.

▶ 위 메뉴의 가격을 일본어로 읽어 보세요.

キムさんと山田さんが日本伝統人形劇の文楽を見に国立劇場へ行きました。休憩時間に劇場でお弁当を食べる風景を見てキムさんは韓国との違いを感じました。

태호 씨와 겐타 씨가 일본 전통 인형극인 분라쿠를 보러 국립 극장에 갔습니다. 휴게시간에 극장에서 도시락을 먹는 풍경을 보고 태호 씨는 한국과의 차이를 느꼈습니다.

(放送) ただいま、第一部が終わりました。6時まで休憩時間になります。

キム・テホ　　ほら、山田さん。

　　　　　　　劇場の中でお弁当を食べている人が多いですね。

　　　　　　　劇場で食べても大丈夫ですか。

山田健太　　　休憩時間は大丈夫です。韓国ではいけませんか。

キム・テホ　　はい、韓国では食べ物の持ち込みは禁止です。

山田健太　　　そうなんですか。

　　　　　　　ロビーでも皆お弁当を食べていますよ。

　　　　　　　日本のお弁当はおいしいですし。

　　　　　　　私たちもお弁当買って食べましょうか。

―弁当屋さんで―

山田健太　　食べたいものありますか。

キム・テホ　　え、と、私はちらしずしにします。

山田健太　　じゃ、私はいなりずしとのり巻き。

調べてみましょう

▶ 분라쿠(文楽)는 에도시대(江戸時代)에 시작된 예능입니다. 분라쿠와 같이 에도시대에 시작된 일본의 전통 예능에 대해 조사해 봅시다.

▶ 다양한 종류의 오벤토(お弁当)의 메뉴 이름과 에키벤(駅弁)이라는 단어의 의미를 조사해 봅시다.

聞き取りと書き取り

🎧 63

1 다음 대화를 듣고 해당하는 그림에 체크하세요.

① 伊東さん　　② 大羽さん　　③ 山田さん

(a)　　(b)　　(c)

2 다음 대화를 듣고 스즈키 씨가 누구인지 체크하세요.

① 　　② 　　③

3 다음 대화를 듣고 그림을 연결하세요.

① 市橋さん　　② 伊東さん

(a)　　(b)　　(c)

この場面　日本の劇場　일본의 극장

国立劇場

文楽劇場の内部

ロビーでお弁当を食べている

劇場内でお弁当を食べている

弁当屋さんでお弁当を買っている

駅弁

09 劇場の中でお弁当を食べています。

10

優(やさ)しくて親切(しんせつ)な人(ひと)が好(す)きです。

이 과에서 배우게 될 것은요…

- 밝고 솔직한 사람이에요.
- 신선하고 맛있습니다.
- 커피를 좋아해서 매일 마셔요.
- 야마다 씨는 일본인이고, 나는 한국인입니다.

❶ 優しくて親切な人 🎧64

▶ い형용사의 て형(복문)입니다. 어미 い를 빼고 くて를 접속합니다. 우리말로 '~(하)고, ~(해)서' 등으로 해석하면 적당합니다.

> 1 優しくて親切な人が好きです。
> 2 林さんは明るくて素直な人です。
> 3 私の部屋は冬は暖かくて、夏は涼しいです。
> 4 鈴木さんと一緒に回転寿司を食べました。安くておいしかったです。

❷ 静かできれいな町

▶ な형용사의 て형(복문)입니다. 어미 だ를 빼고 で를 접속합니다. 우리말로 '~(하)고, ~(해)서' 등으로 해석하면 적당합니다.

> 1 小樽は静かできれいな町です。
> 2 無鉄砲で純粋な若者です。
> 3 サラダは新鮮でおいしかったです。
> 4 コーヒーが大好きで、毎日飲んでいます。

❸ 今日は木曜日で、明日は金曜日です。

▸ 명사의 て형(복문)입니다. 명사에 で를 접속합니다. 우리말로 '～(이)고'라고 해석하면 적당합니다.

1. 私のはどれですか。
 ― 赤いコップがあなたので、青いコップは私のです。
2. 山田さんは日本人で、私は韓国人です。
3. 林さんはまだ学生で、会社員ではありません。
 ― いいえ、違います。会社員ですよ。

書いてみましょう

▶ 성격을 나타내는 단어들입니다. 빈칸에 단어의 의미를 써 보고 자신에게 해당하는 단어에 ○표 해 봅시다.

穏やかだ		親切だ	
おとなしい		おもしろい	
柔らかい		優しい	
弱い		強い	
暗い		真面目だ	
明るい		素直だ	
わがままだ		慎重だ	
無鉄砲だ		ユーモアがある	

1 あなたはどんな人ですか。

▶ 앞 페이지의 단어표를 참고하여 자신은 어떤 사람인지 써 봅시다.

2 あなたはどんな人が好きですか。

▶ 자신의 이상형은 어떤 성격의 사람인지 써 봅시다.

キムさんが『坊っちゃん』という日本の小説を読んでいます。『坊っちゃん』はある青年の話です。この小説の主人公である青年の性格について伊東さんとキムさんが話をしています。

태호 씨가 '봇짱'이라는 일본 소설을 읽고 있습니다. '봇짱'은 한 청년의 이야기입니다. 이 소설의 주인공인 청년의 성격에 대해 미사키 씨와 태호 씨가 이야기를 하고 있습니다.

🎧 65

伊東美咲 小説ですか。

キム・テホ はい。夏目漱石の『坊っちゃん』です。

伊東美咲 あ、『坊っちゃん』。

この小説の「私」は無鉄砲で純粋な若者ですね。

キム・テホ はい、わがままな所もありますが、結構かわいい人です。

伊東美咲 私はそういう人はあまり好きではありません。

優しくて親切な人、大人しい人が好きです。

キム・テホ 私は元気で、明るい人が好きです。

伊東さんは自分はどんな人だと思いますか。

伊東美咲　私ですか。そうですね。

　　　　　わがままな方だと思います。

キム・テホ　え？私から見ると、伊東さんは大人しい人ですよ。

伊東美咲　本当にそう思いますか。ありがとう。

話し合ってみましょう

▶ 소설의 장르를 나타내는 일본어 단어를 조사해 봅시다.

▶ 자신이 좋아하는 일본 소설을 소개해 봅시다.

聞き取りと書き取り

🎧 66

1 다음 대화를 듣고 해당하는 그림에 체크하세요.

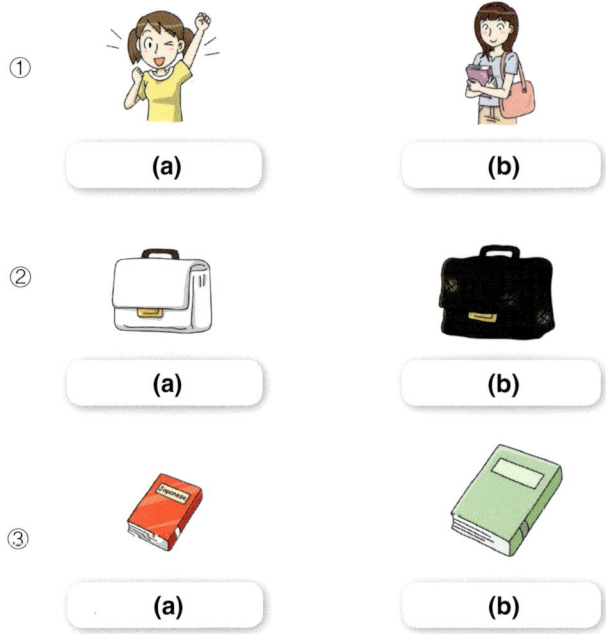

2 다음 문장을 듣고 예와 같이 고쳐 보세요.

> 예　鈴木さんは明るい人です。鈴木さんは素直な人です。
> →鈴木さんは明るくて素直な人です。

① 日本の地下鉄は＿＿＿＿＿＿＿＿狭いです。

② 小さい本は＿＿＿＿＿＿＿、大きい本は雑誌です。

③ 教室は＿＿＿＿＿＿＿暗かったです。

④ ビールは＿＿＿＿＿＿＿おいしいです。

⑤ ソンさんはいつも＿＿＿＿＿＿＿真面目な人です。

この場面 日本の小説 일본 소설

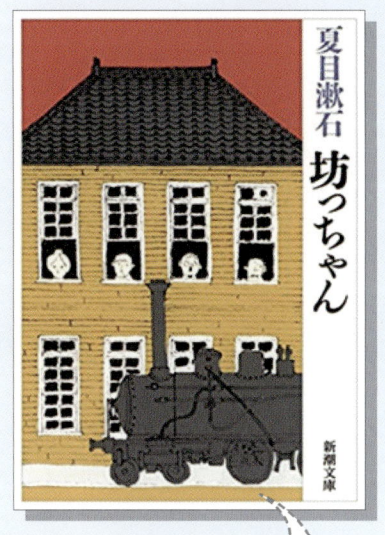

나쓰메 소세키 『도련님』

요시모토 바나나 『키친』

무라카미 하루키 『노르웨이의 숲』

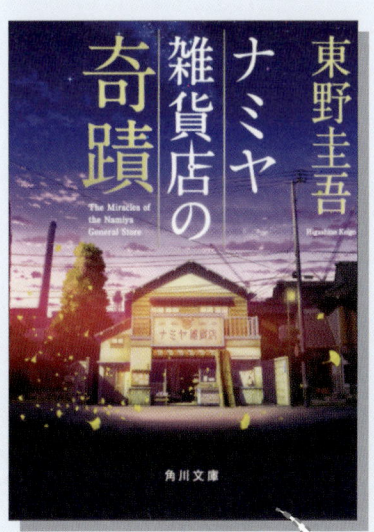

히가시노 게이고 『나미야 잡화점의 기적』

10 優しくて親切な人が好きです。

❶ 듣기 스크립트 & 정답

❷ 동사의 접속 활용표

❸ 형용사 및 명사의 접속 활용표

❹ 히라가나 / 가타카나 쓰기노트

듣기 스크립트 & 정답

제01과

1 다음 발음을 듣고 바르게 표기한 단어를 고르세요.

① b. かき

② a. いえ

③ b. だつ

④ b. もってる

2 다음을 듣고 빈칸에 히라가나를 넣으세요.

① か　れ　　　　　② に　わ

③ お き　る　　　　④ や　さ　しい

⑤ あ　お　　　　　⑥ ほ　し　い

⑦ た　ぬ　き　　　⑧ そ　ら

3 다음을 듣고 빈칸에 숫자를 써 넣으세요.

① 私の電話番号は 010-9803-1458です。
② 私の電話番号は 02-347-6321です。
③ 私の電話番号は 070-5563-1782です。

4 다음을 듣고 숫자를 받아 적어 보세요.

① にじゅうはち　　　② ごじゅうさん

③ きゅうじゅうろく　④ じゅうに

정답 : **1** ①-b　②-a　③-b　④-b

2 ①れ　②わ　③る　④さ　⑤あ　⑥し　⑦ぬ　⑧ら

3 ①4　②347　③5563

4 ①28　②53　③96　④12

142

제02과

1 다음 대화를 듣고 그림을 연결해 보세요.

A : このかばんは誰のですか。
B : それは市川さんのです。
A : それじゃ、本は誰のですか。
B : 本は李さんのです。
A : 市川さんは日本語の先生ですか。
B : いいえ、市川さんと李さんは大学生です。

2 다음 대화를 듣고 빈칸에 단어를 쓰세요.

① あなたは学生ですか。
② どうぞよろしくお願いします。
③ 市川さんは日本語の先生ですか。
④ 李さんは誰ですか。

3 다음 대화내용을 그림과 연결시켜 보세요.

① A : お元気ですか。
　 B : はい、お陰さまで元気です。
② A : おはようございます。
　 B : おはようございます。
③ A : ただいま。
　 B : お帰りなさい。
④ A : いただきます。
　 B : どうぞ。

정답 : **1** ①-(b), (c)　②-(a), (c)
　　　2 ① 学生　② どうぞ　③ の　④ 誰
　　　3 ①-(c)　②-(a)　③-(b)　④-(d)

📁 듣기 스크립트 & 정답

제03과

1 다음 발음을 듣고 단어를 완성해 보세요.

① ケーキ　　② サイト　　③ スーツ　　④ アプリ

⑤ ピアノ　　⑥ メール　　⑦ インターネット　　⑧ ネクタイ

2 다음 발음을 듣고 단어를 받아 써 보세요.

① ノート　　② カード　　③ ページ　　④ テスト

⑤ ボードゲーム　　⑥ ノック　　⑦ クリック　　⑧ フォーク

3 다음을 듣고 대화 속에 등장하는 단어에 해당하는 그림을 골라 연결하세요.

① A：もしもし、今どこ？　B：うん、コンビニ。

② A：これは何ですか。　B：これですか。日本のアニメのパンフレットです。

③ A：このノートパソコンは誰のですか。　B：それは林さんのです。

정답 :　**1** ① ー　② ト　③ ツ　④ プ　⑤ ピ　⑥ メ　⑦ ン　⑧ ネ

　　　2 ① ノート　② カード　③ ページ　④ テスト　⑤ ボードゲーム　⑥ ノック

　　　2 ⑦ クリック　⑧ フォーク

　　　3 ① (b)　② (a)　③ (c)

제04과

1 다음 설명을 듣고 알맞은 그림을 찾아 체크하세요.

① この料理は赤いです。辛いです。キム・テホさんはこの料理が好きです。

② この料理は新鮮な魚が必要です。ごはんも必要です。山田健太さんはこの料理が好きです。

2 다음 대화를 듣고 해당하는 그림에 체크하세요.

A：きれいな店ですね。

B：そうでしょう。ここはいつもにぎやかです。

A：これが新しいメニューです。

B：味噌ラーメンですか。

A：カレーライスもおいしいですよ。ほら。うどんも。
B：じゃ、私はラーメン、お願いします。
A：私も。

3 다음 질문을 듣고 부정형으로 답해 보세요.
① あの人は韓国人ですか。
② 日本語の教室は広いですか。
③ 鈴木さんは明日暇ですか。
④ うどんは辛いですか。

정답 : **1** ①-(b)　②-(c)

　　　　2 ①-(b)　②-(c)

　　　　3 ① 韓国人ではありません。② 広くないです。③ 暇ではありません。④ 辛くないです。

제05과

1 다음을 듣고 그림과 연결시켜 보세요.
① 日本語を習う。② 歯を磨く。③ 本を買う。④ 音楽を聞く。

2 다음을 듣고 그림을 순서대로 나열해 보세요.
地下鉄を待つ。家へ帰る。着替える。手を洗う。

3 다음을 듣고 알맞은 히라가나를 넣으세요.
① 学食でごはんを食べる。② 会社へ行く。　③ 部屋に入る。
④ コーヒーを飲む。　　⑤ 友だちに会う。

정답 : **1** ①-(c)　②-(a)　③-(d)　④-(b)

　　　　2 ④ → ② → ③ → ①

　　　　3 ① で　② へ　③ に　④ を　⑤ に

📁 듣기 스크립트 & 정답

제06과

1 다음을 듣고 그림과 연결시켜 보세요.
① 子犬と遊びます。 ② 駅まで歩きます。 ③ 歌を歌います。 ④ 映画を見ます。

2 다음 대화를 듣고 태호 씨가 어제 한 일에 O표, 하지 않은 일에 X표 하세요.
A : キムさん、昨日、何をしましたか。
B : 友だちに会いました。それからコーヒーを飲みました。
A : 映画も見ましたか。 B : 映画は見ませんでした。

3 다음을 듣고 동사를 ます형으로 고쳐 보세요.
① 朝、7時に起きる。
② バスに乗る。
③ 友だちが家へ来る。
④ プールで泳ぐ。
⑤ 図書館で本を読む。

정답 : **1** ①-(a) ②-(d) ③-(b) ④-(c)
　　　 2 ① O ② X ③ O
　　　 3 ① 起きます。 ② 乗ります。 ③ 来ます。 ④ 泳ぎます。 ⑤ 読みます。

제07과

1 다음 대화를 듣고 해당하는 그림에 체크하세요.
① A : 昨日、鈴木さんとお寿司を食べました。
　 B : そうですか。おいしかったですか。
① A : いいえ、あまりおいしくありませんでした。新鮮ではありませんでした。
② A : パクさんは昔は真面目な人でしたが、最近、学校へ来ません。

① B：昔も学校へあまり来ませんでした。
　　A：そうですか。
　　B：昔も真面目な人じゃありませんでした。
③ A：週末、何をしましたか。
① B：日本へ行きました。
　　A：本当ですか。日本のどこへ行きましたか。
① B：北海道の小樽へ行きました。とてもきれいでした。小さい町でした。あまり大きくありませんでした。

2 다음 문장을 듣고, 과거형으로 고치세요.
① 今日は寒くありません。
② このビルは立派ではありません。
③ このビルは学校です。
④ ホラー映画は怖いです。
⑤ 彼は友だちではありません。
⑥ ケータイは便利です。

정답 : **1** ①-(b)　②-(b)　③-(a)
　　　2 ① 寒くありませんでした。② 立派ではありませんでした。③ 学校でした。
　　　　　④ 怖かったです。⑤ 友だちではありませんでした。⑥ 便利でした。

제08과

1 다음을 듣고 그림을 순서대로 나열해 보세요.
A：家へ帰って何をしますか。
B：普通、手を洗って、ごはんを食べます。それから歯を磨いて音楽を聞きます。

2 다음 문장을 듣고 빈칸을 채워 보세요.
① バスに乗って学校へ行きます。
② 友だちを待って一緒にごはんを食べます。

듣기 스크립트 & 정답

　　③ 子犬と遊んで家で休みます。
　　④ 朝、起きてジョギングをします。
　　⑤ 図書館へ行って勉強をします。

3 다음 문장을 듣고 동사를 「て형」으로 고쳐 보세요.
　　① テレビを見る　　② たばこを吸う　　③ 公園を歩く
　　④ 家を出る　　　　⑤ 歌を歌う　　　　⑥ 名前を呼ぶ

정답 :　**1** ② → ④ → ① → ③
　　　　2 ① 乗って　　② 待って　　③ 遊んで　　④ 起きて　　⑤ 行って
　　　　3 ① 見て　　　② 吸って　　③ 歩いて　　④ 出て　　　⑤ 歌って　　⑥ 呼んで

제09과

1 다음 대화를 듣고 해당하는 그림에 체크하세요.
　　① A : 伊東さんは誰ですか。
　　　 B : あのピンクのスカートをはいている人です。
　　② A : あそこで手を上げている人は誰ですか。
　　　 B : あ、あの人ですか。大羽さんです。
　　③ A : 山田さんはいつも本を読みますね。ほら、今もいすにかけて本を読んでいますよ。

2 다음 대화를 듣고 스즈키 씨가 누구인지 체크하세요.
　　A : あの荷物を持っている人が鈴木さんですか。
　　B : 違います。壁によりかかって時計を見ている人が鈴木さんです。

3 다음 대화를 듣고 그림을 연결하세요.
　　A : おいしいもの食べたいな。
　　B : 市橋さん、何が食べたいですか。
　　A : お寿司が食べたいです。伊東さんは？
　　B : 私は食べ物より、お水が飲みたいです。

정답 : **1** ①-(c)　②-(a)　③-(b)

　　　2 ②

　　　3 ①-(b)　②-(c)

제10과

1 다음 대화를 듣고 해당하는 그림에 체크하세요.
　① A : 市川さんはどんな人ですか
　　B : 静かで大人しい人です。
　② A : あなたのかばんはどれですか。
　　B : その新しくて白いかばんです。
　③ A : 日本語の本ありますか。
　　B : はい、本棚にあります。赤くて小さい本が日本語の本です。

2 다음 문장을 듣고 예와 같이 고쳐 보세요.
　예 鈴木さんは明るい人です。鈴木さんは素直な人です。
　　→ 鈴木さんは明るくて素直な人です。
　① 日本の地下鉄は高いです。日本の地下鉄は狭いです。
　② 小さい本は小説です。大きい本は雑誌です。
　③ 教室は静かでした。暗かったです。
　④ ビールは冷たいです。ビールはおいしいです。
　⑤ ソンさんはいつも元気です。ソンさんは真面目な人です。

정답 : **1** ①-(b)　②-(a)　③-(a)
　　　2 ① 高くて　② 小説で　③ 静かで　④ 冷たくて　⑤ 元気で

📁 동사의 접속 활용표

동사 종류	기본형 (~다)	ます형(정중형) ~ます (~ㅂ니다)	ない형(부정형) ~ない (~않다)	て형(연결형) ~て (~고, ~서)	た형(과거형) ~た (~었다)
1그룹 동사	押す 누르다	おします	おさない	おして	おした
	行く 가다	いきます	いかない	いって	いった
	書く 쓰다	かきます	かかない	かいて	かいた
	泳ぐ 수영하다	およぎます	およがない	およいで	およいだ
	死ぬ 죽다	しにます	しなない	しんで	しんだ
	読む 읽다	よみます	よまない	よんで	よんだ
	飛ぶ 날다	とびます	とばない	とんで	とんだ
	言う 말하다	いいます	いわない	いって	いった
	待つ 기다리다	まちます	またない	まって	まった
	乗る 타다	のります	のらない	のって	のった
	くださる 주시다	くださいます	くださらない	くださって	くださった
	擦る 문지르다	すります	すらない	すって	すった
	切る 자르다	きります	きらない	きって	きった
2그룹 동사	着る 입다	きます	きない	きて	きた
	寝る 자다	ねます	ねない	ねて	ねた
3그룹 동사	する 하다	します	しない	して	した
	来る 오다	きます	こない	きて	きた
	分析する 분석하다	分析します	分析しない	分析して	分析した
동일 접속 유형	사전형, 명사 수식형 ~だろう, ~かもしれない ~はずだ, ~らしい ~ようだ, ~つもりだ ~ことにする ~と ~から, ~ので, ~のに ~な	~たい ~やすい(にくい) ~そうだ ~ながら ~すぎる ~なさい ~ましょう	~れる/られる ~せる/させる ~せられる ~させられる ~なければならない ~なくてもいい	~ている ~てある ~ていく ~てください ~てほしい ~てもらう ~てもいい ~てはいけない	~たり ~たら ~たことがある ~たほうがいい ~たところだ ~たばかりだ

가정형	명령형	의지형	수동 표현	사역 표현	가능 표현
~ば (~면)	~ろ(よ) (~(해)라)	~う/よう (~해야지)	~れる/られる (~당하다)	~せる/させる (~시키다)	~れる/られる (~할 수 있다)
おせば	おせ	おそう	おされる	おさせる	おせる
いけば	いけ	いこう	いかれる	いかせる	いける
かけば	かけ	かこう	かかれる	かかせる	かける
およげば	およげ	およごう	およがれる	およがせる	およげる
しねば	しね	しのう	しなれる	しなせる	しねる
よめば	よめ	よもう	よまれる	よませる	よめる
とべば	とべ	とぼう	とばれる	とばせる	とべる
いえば	いえ	いおう	いわれる	いわせる	いえる
まてば	まて	まとう	またれる	またせる	まてる
のれば	のれ	のろう	のられる	のらせる	のれる
くだされば	ください				
すれば	すれ	すろう	すられる	すらせる	すれる
きれば	きれ	きろう	きられる	きらせる	きれる
きれば	きろ(きよ)	きよう	きられる	きさせる	きられる(きれる)
ねれば	ねろ(ねよ)	ねよう	ねられる	ねさせる	ねられる(ねれる)
すれば	しろ(せよ)	しよう	される	させる	できる
くれば	こい	こよう	こられる	こさせる	こられる(これる)
分析すれば	分析しろ	分析しよう	分析される	分析させる	分析できる

비고
- 「くれる(주다)」의 명령 표현 ⇨ 「くれ(줘)」
- 「ある(있다)」의 부정 표현 ⇨ 「ない(없다)」
- 「問う(묻다)」 / 「乞う(청하다)」의 연결 표현 ⇨ 「問うて(묻고)」 / 「乞うて(청하고)」
- 「くださる(주시다)」처럼 ます형・명령형이 「い」로 변하는 동사
   ⇨ 「いらっしゃる(오시다, 가시다, 계시다)」, 「なさる(하시다)」, 「おっしゃる(말씀하시다)」, 「ござる(계시다, 있으시다)」
- 「こわれる(부서지다), たおれる(쓰러지다)」 등과 같은 무의지 동사는 명령 및 의지・권유 표현을 만들 수 없습니다.
- 활용이 불규칙한 동사 ⇨ 「愛する(사랑하다)」, 「信ずる(믿다)」, 「案ずる(생각해내다)」

📁 형용사 및 명사의 접속 활용표

형용사 명사	표현 유형 접속어	기본형 ~い / だ (~다)	정중 표현 ~です	부정 표현 ~くない ~で(は)ない	연결 표현 ~くて ~で	과거 표현 ~かった ~だった	과거 정중 표현 ~かったです ~でした
い형용사		ひろい 넓다	ひろいです	ひろくない	ひろくて	ひろかった	ひろかったです
		うれしい 기쁘다	うれしいです	うれしくない	うれしくて	うれしかった	うれしかったです
		いい(よい) 좋다	いいです よいです	よくない	よくて	よかった	よかったです
		おおきい 크다	おおきいです	おおきくない	おおきくて	おおきかった	おおきかったです
		すくない 적다	すくないです	すくなくない	すくなくて	すくなかった	すくなかったです
		ない 없다	ないです	なくない	なくて	なかった	なかったです ありませんでした
い형용사형		食べたい 먹고 싶다	食べたいです	食べたくない	食べたくて	食べたかった	食べたかったです
な형용사형		きれいだ 깨끗하다	きれいです	きれいで(は)ない	きれいで	きれいだった	きれいでした
		同じだ 같다	同じです	同じで(は)ない	同じで	同じだった	同じでした
		健康だ 건강하다	健康です	健康で(は)ない	健康で	健康だった	健康でした
명사 + だ		健康だ 건강이다	健康です	健康ではない	健康で	健康だった	健康でした
		学生だ 학생이다	学生です	学生ではない	学生で	学生だった	学生でした

비고
- 형용사의 어간 : い형용사는 어미 「い」를 제외한 나머지이고, な형용사는 어미 「だ」를 제외한 나머지가 어간이 됩니다.
- 외견상 같은 말이 문맥에 따라 'な형용사'로도 '명사 + だ'로도 쓰이는 경우가 있는데, 그 예로는 「自由だ(자유롭다, 자유이다)」. 「親切だ(친절하다, 친절이다)」 등이 있습니다.
- 엄밀히 말하면 「大きな」는 활용 형태가 아닌 연체사지만, 여기서는 기능면에 중점을 두어 형용사적 표현에서 함께 다루었습니다. 그 예로는 「小さな. おかしな」 등이 있습니다.

조건 표현 가정 표현	형용사적 표현 (명사 수식)	부사적 표현 (동사 수식)	추측 표현(1)	추측 표현(2)	추측 표현(3)
~ければ ~なら（ば）	い / な / の	~く ~に	~だろう ~かろう	~そうだ	~ようだ
ひろければ	ひろい＋명사	ひろく＋동사	ひろいだろう ひろかろう	ひろそうだ	ひろいようだ
うれしければ	うれしい＋명사	うれしく＋동사	うれしいだろう うれしかろう	うれしそうだ	うれしいようだ
よければ	いい(よい)＋명사	よく＋동사	いい(よい)だろう よかろう	よさそうだ	いい(よい)ようだ
おおきければ	おおきい(おおきな)＋명사	おおきく＋동사	おおきいだろう おおきかろう	おおきそうだ	おおきいようだ
すくなければ	すくない＋명사	すくなく＋동사	すくないだろう すくなかろう	すくなそうだ	すくないようだ
なければ	ない＋명사	なく＋동사	ないだろう なかろう	なさそうだ	ないようだ
食べたければ	食べたい＋명사	食べたく＋동사	食べたいだろう 食べたかろう	食べたそうだ	食べたいようだ
きれいなら(ば)	きれいな＋명사	きれいに＋동사	きれいだろう	きれいそうだ	きれいなようだ
同じなら(ば)	同じ＋명사	同じに＋동사	同じだろう	同じそうだ	同じようだ
健康なら(ば)	健康な＋명사	健康に＋동사	健康だろう	健康そうだ	健康なようだ
健康なら(ば)	健康の＋명사		健康だろう		健康のようだ
学生なら(ば)	学生の＋명사	学生に＋동사	学生だろう		学生のようだ

하마루 일본어

초판발행	2013년 8월 30일
개정1판 발행	2022년 1월 17일
개정1판 3쇄	2024년 10월 25일
저자	김태희, 임찬수
책임 편집	조은형, 김성은, 오은정, 무라야마 토시오
펴낸이	엄태상
디자인	이건화
조판	이서영
콘텐츠 제작	김선웅, 장형진
마케팅	이승욱, 왕성석, 노원준, 조성민, 이선민
경영기획	조성근, 최성훈, 김다미, 최수진, 오희연
물류	정종진, 윤덕현, 신승진, 구윤주
펴낸곳	시사일본어사(시사북스)
주소	서울시 종로구 자하문로 300 시사빌딩
주문 및 교재 문의	1588-1582
팩스	0502-989-9592
홈페이지	http://www.sisabooks.com
이메일	book_japanese@sisadream.com
등록일자	1977년 12월 24일
등록번호	제 300-2014-92호

ISBN 978-89-402-9340-9 (13730)

* 이 책의 내용을 사전 허가 없이 전재하거나 복제할 경우 법적인 제재를 받게 됨을 알려 드립니다.
* 잘못된 책은 구입하신 서점에서 교환해 드립니다.
* 정가는 표지에 표시되어 있습니다.